EN LA SILLA DE MORFEO

Por
Alan Tenenbaum

Primera edición, enero 2014
ISBN: 978-9929-40-389-5
Printed by CreateSpace, An Amazon.com Company

Para mis padres,
mis hermanos
y mi Flapis.

AGRADECIMIENTOS

Muchas gracias a los amigos que me ayudaron con el "starter".
Agradecidísimo con los que cogieron el timón y me dieron
dirección.
Mil gracias a los que siempre me abastecieron de gasolina.
Y a todos, gracias, gracias, gracias por siempre mantener mi radio
encendido con buena música.

¡Listo para recorrer el mundo!

PRÓLOGO

Alan Tenenbaum es un héroe para muchas personas, incluyéndome. Y esta historia es una ranura a través de la cual se cuelan sus vivencias íntimas y profundamente humanas.

La historia se ubica en las playas de arena volcánica de Guatemala, en los reconocidos hospitales de la Florida y en las calles de la Gran Manzana. El relato comienza un 21 de junio, día en que los rusos eliminaron a los holandeses de la Eurocopa. El año es 2008, y nuestro héroe – un chapín, paisano, amante del deporte y la música - no se enfrenta con un dragón, sino con un tirano mucho más siniestro y cobarde: una fractura en las vértebras cervicales que impactaron su médula, inhibiendo la funcionalidad y sensibilidad en la mayoría de su cuerpo.

El tirano de la historia tiene poderes avasalladores y los ejerce de forma despótica y cruel. En un parpadeo de ojos es capaz de robarle uno de los tesoros más preciados para cualquier persona:

la independencia que ha forjado a gota fría. Lo que no se lleva de arrebato, lo consume progresivamente. No hay forma de encontrar al tirano y meterle el espadazo para matarlo de una vez por todas. Así, sin advertencia y con toda la fuerza de una tempestad, inicia el largo recorrido de nuestro héroe.

El accidente cataliza una brusca transición a una realidad nueva, extraña, desconocida, que por momentos es fría y sofocante – como las paredes de un sótano escondido bajo la tierra húmeda –, por instantes provocante y chistosa – como una pícara conversación con una linda masajista –, por ratos dulce y esperanzada, y por tiempos intensamente feliz – como un festival de notas musicales que sobrevuelan el ambiente. La rareza de la situación es una sábana de niebla que funde sueño con realidad, y ambas dimensiones dejan de ser una vestimenta de dos piezas. Sueño y realidad se convierten en un overol sin costuras, un plano único de realidad, no sólo como recurso literario, sino también como característica esencial de la vivencia de nuestro héroe.

La fuerza de voluntad que tiene nuestro héroe para mantener la calma y armarse de fe y optimismo no basta para detener el descomunal tsunami de dolor y frustración que deviene del accidente. No se trata de un héroe que tenga súperpoderes, sino de un mortal de carne y hueso, con la sensibilidad y vulnerabilidad de cualquier ser humano, y con momentos de duda y fragilidad, que resuelve encarar desafíos que aparentan irresolubles. Esta resolución la pone en acción con la frente en alto, aceptando con toda humildad sus frustraciones y titubeos.

Cuando parecía que la muerte tocaba a la puerta, sus ángeles de la guarda la mandan por un tubo. Con toda valentía, nos revela cuál es la fuente secreta de su fortaleza. Como buen deportista, nuestro campeón nos recuerda una y otra vez que los campeonatos los gana el equipo: *"Gracias a Dios tenía a mi dedicada familia y amigos a mi lado inundándome de amor y apoyo en todo momento."*

Él siempre está acompañado de un equipo de más héroes, dignos de la mayor admiración posible. La familia, el amor, los amigos, el deporte y la música. Creo que si le preguntamos cuál es su secreto, esa sería su respuesta.

Nuestro héroe nos permite entender que, a veces, la vida es como el backgammon; *"uno puede llegar a un máximo nivel de destreza, pero el resto ya depende del dado y de la suerte."* Y a veces la vida es como el deporte; *"hay que seguir para adelante, porque para atrás ni para agarrar impulso."* En el momento de la verdad, hay que darle con todo.

Este libro constituye el debut de Alan como autor, y así como en la cancha, juega con toda la garra, a todo pulmón, dejando hasta las uñas en el césped. El manuscrito que tuve el honor de leer antes de escribir el presente prólogo tiene algunos pasajes desteñidos con lágrimas, algunas hojas arrugadas por agarrarlas con angustia y otras hojas que solté solo después de que Alan tuviese la delicadeza de aliviar la angustia con su exquisito y pícaro sentido del humor. Algunos párrafos quedaron quemados en la retina de mis ojos como ejemplos a seguir.

Los dejo con nuestro héroe y su historia.
¡Con todo Tenenbaum!

Con mucho cariño y admiración,

Ari Sabbagh
Amigo de toda la vida y coautor del libro
El Método de la Innovación Creativa

morseando

En el mar, la vida es más sabrosa. Una frase simple pero tan sabia. El ambiente costeño es mágico, tanto de día como de noche. Incluso cuando el cielo está completamente nublado, ya que generalmente es el preámbulo a uno de los mejores espectáculos de luces en nuestro planeta, ¡y sin costo alguno! Observar una tormenta eléctrica desde su inicio en el horizonte es algo realmente alucinante. Zigzags blancos que se plasman por menos de un segundo en lo oscuro del cielo y para siempre en la memoria.

Sin embargo, de lo más placentero que ofrece la vida y lo que yo más disfruto es pasar horas de horas acostado en la arena y nadando entre las olas, lo que he apodado como *morsear* por ser tan parecido al día a día de aquellos animalotes feos y conocedores de lo que es bueno. Mientras reine el sol seguro me encuentran en la playa, *morseando*, como en aquel caluroso día de junio en que los rusos eliminaron a los holandeses de la Eurocopa. Así como estaba yo quedaron los holandeses, tirados boca-arriba, pero ellos en el césped, lamentando su inesperada eliminación del campeonato. Yo también lo lamenté en su momento pero ahora felizmente admiraba, tratando de encontrarle forma, a la única nube que había en el cielo. Parece un escorpión, pensé.

—Qué rico —dijo mi hermano, que parecía otra morsa con gafas oscuras tirada a dos metros de mí.

—Límpiese la boca —le contesté y mientras confundido me obedecía, agregué—: ¡Porque la tiene embarrada de razón!

Llevábamos ya un poco más de dos horas gozando la arena, el agua, el cielo, el sol. Todo lo que es gratuito y, a la vez, lo más valioso. El sol andaba brincón[1], arrogante, presumiendo su potencia, pero teníamos de nuestro lado el agua salada que, con cada ola, nos acariciaba los pies, las rodillas y a veces hasta la espalda. La brisa también refrescaba nuestros cuerpos ardidos y, junto con el agua del mar, nos inmunizaba contra ese intenso calor.

Antes de salir de casa escuchamos las palabras de nuestra madre, las mismas que agrega al despedirse cada vez que vamos a la playa. Ahí se cuidan del sol, nos dijo, está haciendo mucho daño. Y cuidado con el mar, añade siempre mi padre, al de aquí hay que tenerle respeto. Sin embargo, ahí mismo estábamos los dos, justo enfrente del mar y debajo del sol. Pero no somos morsas salvajes ni hijos rebeldes. Nadamos únicamente hasta donde nos sentimos seguros y nos aplicamos una buena capa de bloqueador solar con un factor de protección treinta; ideal para protegernos y al mismo tiempo broncearnos, ya que parecíamos morsas albinas del Mar de Láptev.

—¿Cuánto tiempo llevaremos aquí? —preguntó mi hermano. Los demás aún dormían cuando salimos del chalet, pues en la noche

---

[1] Una persona que anda buscando pleitos.

anterior se había armado otra de esas buenas parrandas entre la piscina y el rancho. Ese rancho que uno siempre, colgado en la hamaca al final de la noche, observa detalladamente para llegar a la misma conclusión: ¡impresionante trabajo! ¡Increíble que no entre la lluvia!

—Ya un buen rato —le contesté en base a lo rojo de mis brazos y pecho—. Pero podría quedarme aquí varias horas más.

—Yo también —dijo él, suspirando de placer.

Busqué la nube solitaria en el cielo. Se había corrido a la derecha y ahora tenía forma de sirena. Una sirena delgada con senos grandes y pelo corto. Sentí ganas de nadar otra vez entre las impetuosas olas, pero estaba demasiado a gusto y relajado sobre la arena volcánica mojada que había formado un molde perfecto de mi cuerpo imperfecto. La situación me invitó a cerrar los ojos, lo que contribuyó a la afinación de mi sentido auditivo. Sentí que las olas reventaban muy cerca nuestro. Encima nuestro incluso. Escuché cómo el agua era succionada de regreso al mar y parte de ella se escurría, efervescente, entre la arena. Oí varias gaviotas y las imaginé planeando en forma de "V". Fantaseé que una de ellas, la que volaba hasta adelante, rotó sobre su eje como un jet de guerra y todas las demás se desplazaron rápida y espléndidamente para formar una "E". Después de unos segundos escuché un graznido y vi, en mi mente, como se ordenaron de nuevo para formar una "R".

Ve, e, erre. Ver... ¡Ver! Obedecí a las aves acrobáticas de mi imaginación y nomás abrí mis ojos, noté que a la sirena hecha de nube le habían crecido sus senos y su cabello. Antes de parpadear la vi aletear su cola y pensé que ya estaba delirando por recibir tanto sol. La observé fijamente y para mi sorpresa empezó a cobrar vida, tirándome besos y moviendo su cola de un lado para otro. Incrédulo me froté los ojos y me percaté de cierta lentitud en mis movimientos. Estaba debajo de agua, respirando normalmente, observando algo fuera de lo normal. De pronto empezó a sonar una canción calipso que toda mi niñez pensé que era obra de un cangrejito simpático y la sirena empezó a moverse sensualmente al ritmo afro-caribeño, coqueteándome. Colocó sus manos en sus caderas y eróticamente comenzó a deslizar hacia abajo lo que supuestamente era su cola. No era más que unas licras que escondían sus piernas tonificadas, las cuales, ya libres, empezó a mover también al compás de la música. Disfrutaba al máximo el primer *striptease* acuático de mi vida.

Mientras decidía entre quedarme acostado para ver el show y nadar hacia arriba para bailar con ella, le creció otro par de brazos que se sumaron a la danza. Mi imaginación voló pensando en lo que me podría hacer esa mujer hermosa de cuatro manos, cuando se movió hacia un lado y reveló que dos de los brazos le pertenecían a otra chica que estaba detrás. De igual manera se duplicaron las dos, después las cuatro y ahora habían ocho bailarinas acuáticas semidesnudas, cada una más hermosa que la otra, bailando de una manera muy seductora.

Formada por los coloridos peces y plantas marinas de los arrecifes, la escenografía era majestuosa. Desde la profundidad del mar, la cortina de fondo era la superficie del agua, donde veía el sol como un círculo relleno de luz queriendo deformarse sin lograrlo. Este emanaba sus rayos sobre el agua, produciendo un sicodélico efecto visual. La canción sonaba y aunque la letra no decía *"suavecito para abajo"*, las bailarinas descendían poco a poco, intimidándome con esa mezcolanza de hermosura y destreza. Crucé miradas con mi favorita, la que empezó como nube, y me tiró otro beso que llegó hasta mí en forma de burbuja, que reventó al topar en mis labios. Quedé congelado, achicopalado[2] y ya no pude mantener mi actuación de Don Juan.

---

[2] Intimidado, acobardado.

¡Vaya banquete de hermosura!, pensé cuando me rodearon. Me tomaron de distintas partes del cuerpo con sus dieciséis manos y me levantaron al nivel de sus pechos. Dieron un brinquito y comenzaron a patalear hacia arriba. Ya que ellas tenían sus manos por todo mi cuerpo, yo también aproveché a tocarlas hasta llegar a la superficie. Sentí una gran erección.

—¿…tás bien? —llegué a escuchar al abrir los ojos. Me asustó la preocupación que vi en los rostros de mis amigos y de mi hermano.

—Pensé que nos estabas baboseando —dijo uno de mis amigos que me llevaban hacia la orilla de la piscina.

Solo podía mover mi cuello, mi cabeza y mis hombros, en los cuales sentía un dolor insoportable.

—¿Qué pasó? —pregunté tratando de entender la situación y desconcierto.

—Te quedaste inconsciente en el fondo de la piscina —me explicó un amigo.

—Yo estaba a punto de darle una cachetada cuando de repente despertó y le regresó el color —agregó mi hermano, pálido.

—A ver, acostémoslo un rato aquí en la orilla. Tráiganle un vaso de agua.

Lo último que recordaba era haber salido de la piscina por un llamado de la naturaleza. De haber sabido las consecuencias de mi decencia, ¡mejor orinaba adentro!

—Yo te vi cuando corrías de regreso hacia la piscina —comentó mi amiga. Otro confirmó haber visto lo mismo.

No me considero ningún clavadista profesional ni uno de esos cojonudos de Acapulco que saltan desde los riscos hacia el mar, pero sé muy bien cómo tirarme de clavado. Es así como acostumbro meterme a una piscina, impulsado por una veloz carrerita para dar un buen salto. Al entrar me gusta rozar el suelo, sintiendo los azulejos en mi pecho, hasta que me aguante el aire en los pulmones. Desde pequeño siempre disfruté nadar debajo de agua. Pasaba en medio de las piernas de mis padres imaginando que era un delfín. Pero en esta ocasión aparentemente no nadé mayor cosa y, de haber quedado consciente, hubiera sentido los azulejos no solo en mi pecho, sino también en mi estómago, brazos y mejilla.

Vomitando el agua y cualquier otro líquido que me daban mis amigos, pensé en que la muerte había tocado a mi puerta. Por dicha, mis amigos y ángeles de la guarda se habían encargado de mandarla a hacer negocios a otro lado. Si no me hubieran sacado a la superficie en ese preciso momento, probablemente hubiera sufrido daños cerebrales irreversibles. No digamos, si se tratara de tan solo unos minutos más, esta historia no existiría o quizás sería relatada por otra persona, de una manera más corta y fúnebre. Pero por alguna divina razón seguía ahí, tendido en la orilla de la piscina, vomitando, con un intenso dolor de hombros y una gran erección.

Sentía mucho cansancio. Como el que uno siente cuando regresa de un viaje a la playa, resultado del sol, agua, fiesta y satisfacción. Ese es un cansancio sabroso, pero este cansancio era extremado. ¿Qué diablos me habrá pasado?, me pregunté. Nadie entendía nada. ¿Por qué solo podía mover de mis hombros adoloridos para arriba? ¿Me habré insolado de tanto *morsear*?, pensé. Tal vez me intoxiqué con algo que comí o bebí. O quizá estaba deprimido por la derrota de los holandeses. Ninguna de estas posibilidades hacía sentido ni explicaba los síntomas que tenía.

—No tenés nada en la cabeza ni en la cara —dijo un amigo

inspeccionándome cuidadosamente.

Ninguna señal de que me había pegado un golpe al echarme de clavado. Ningún chichón, ningún raspón, ninguna cortada, gota de sangre o siquiera un rasguño. Seguía acostado, pero ahora en una cama de asolear adonde me transfirieron para meterme a la casa. Un par de amigos consiguieron en el pueblo más cercano a unos paramédicos que buscaron la manera de inyectarme suero. Mi cuerpo rechazó las agujas después de varios intentos y los inexpertos se dieron por vencidos. Ya me habían dado suero vía oral pero pasó a ser parte de la colección de vómitos de esa extraña tarde de junio. El cansancio me consumía y por ratos me quedaba dormido.

—Mantenete despierto —dijo mi amiga haciendo todo lo posible por mí.

—¿Y si me suben a mi cuarto y miramos cómo amanezco mañana? —les rogué. Estaba muy antojado de una cama para poder saciar esa fatiga en mi cuerpo que no lograba mover.

—La tenés bien parada y las chavas no dejan de verte —bromeó conmigo el más perverso de mis amigos.

Sonreí pero realmente sentí cierta pena. Cuando pasa eso en momentos inoportunos, uno trata de disimular y disfrazar el bulto lo mejor posible, pero en esta ocasión no podía hacer nada al respecto. Sin embargo, la vergüenza era minúscula comparada al agotamiento y las ganas de soñar otra vez. Recordé mi sueño erótico-acuático y esas danzarinas seductoras. Por más fantasioso que se había tornado, repasé lo auténtico y puro que se sintió todo. La sensación de estar debajo de agua y el asombro de poder respirar allí. El beso burbuja que me tiró mi favorita y lo suave de sus pechos al tenerlos en mis manos.

—¡Rápido! —dijo mi hermano al colgar el teléfono—. ¡Tenemos que regresar a la ciudad!

Mi madre le dijo que su tío, nuestro médico de eterna confianza, había ordenado una excursión al hospital de la ciudad a causa de mi erección. Entre un silencio incómodo y movimientos alebrestados, deseé estar en otra situación. Era la primera erección de mi vida que no me traería buenos resultados.

superman

Me desperté muy agitado. ¡Qué tremenda pesadilla! Había sido una de esas donde todo parece tan real, y que involucra lágrimas de las personas más cercanas a uno — precisamente esas personas que nunca queremos ver llorando, sino al contrario, queremos verlas siempre con una sonrisa. Me palpitaba fuertemente el corazón, recordando que era de noche y llegábamos con mi hermano y unos amigos a un hospital desconocido en la ciudad. Ya nos esperaban afuera un par de enfermeros serios con una camilla medio oxidada. Sus caras reflejaban una mezcla de cansancio y desesperación.

Aunque no estaba seguro de la razón por la que estábamos ahí, abrí la puerta del carro y me bajé instintivamente para ayudar con lo que pudiera. Ni idea en qué, pero en lo que fuera necesario. Sentía mucha debilidad en mis piernas, como si me faltara azúcar, pero sabía que no me debía desmayar porque intuía que había algo más importante que mi falta de vigor. Tenía un mal presentimiento.

Detrás de mí bajó del carro mi hermano y del otro lado salieron dos amigos que, en sintonía con el piloto, bruscamente cerraron sus puertas recreando sin querer el inicio de una canción que me sonó conocida. Todos, incluyendo a ambos enfermeros, se apresuraron a abrir la puerta del copiloto y comenzaron a planear cómo transferirían a la persona semiinconsciente del asiento a la camilla. Coincidieron y muy cuidadosamente empezaron a ejecutar el plan. Eran tantos ayudando que yo mejor me hice para atrás y me paré al lado de la camilla, observando atentamente. Con mucha dificultad y esfuerzo lograron colocar al copiloto en su lugar y fue justo en ese momento cuando me percaté de lo que sucedía. Sentí un nudo de corbata en mi garganta al verme a mí mismo acostado boca-arriba con un inmovilizador disfrazado de collar. Mi corazón palpitaba fuertemente, no solo por el hecho de verme en tercera persona, sino también por el estado en que se encontraba mi otro yo. Tanto el que estaba tendido en la camilla como el que lo miraba, no podíamos movernos.

Un escandaloso rechinido de llantas me sacudió y me liberó del estado de shock en el que estaba. Del carro que dejaron mal estacionado salieron agitados mis padres, que corrieron directamente hacia el yo lesionado y le tomaron una mano cada uno.

—No las puedo mover —dijo mi otro yo de una manera peculiarmente tranquila, tratando de apretar sus manos.

—Todo estará bien —le dijo mi madre, aunque realmente se lo decía a sí misma.

Yo no podía hablar, ni entender nada. Mis padres estaban muy afligidos y se notaba en sus semblantes que en ese hospital era el último lugar donde querían estar. Afortunadamente, durante mis veintiséis años de vida, no había parado nunca en una emergencia así. Salvo una vez de recién nacido que convulsioné, recuerdan mis padres con escalofríos de vez en cuando, y me ahogaba con mi propia lengua hasta ponerme como una remolacha. ¡Pobres, me imagino el susto que les di! Y ahora, contemplarme en esa camilla seguramente les traía amargos recuerdos que se mezclaban con nervios y sentimientos desagradables. No puedo decirlo por experiencia pero estoy seguro que, como padre, estar en ese lugar y en esas circunstancias es de lo peor que puede vivir un ser humano.

Desfilé atrás de los enfermeros, mis padres, mi hermano, mis amigos y mi versión horizontal para ingresar al hospital. Nomás se abrieron las puertas eléctricas transparentes emanó un olor a desinfectante de manzana artificial combinado con aire acondicionado y guantes de látex. Uno de los enfermeros se tragaba un bostezo y el otro lo regañaba con la mirada. Contagiado bostecé yo también.

—A rayos equis —gritó una enfermera desde el otro lado del mostrador con el mismo semblante que tenían los enfermeros—. Por favor, tomen asiento —les dijo a mis seres queridos—. Le tomaremos unas radiografías y el doctor no tardará en llegar —agregó mientras le entregaba a mi madre una tablita de madera con unos papeles. Mi madre los empezó a llenar en modo automático con más nervios que ganas.

Yo seguí detrás de los enfermeros y de la camilla, atravesando como fantasma las puertas que ya se habían cerrado, que separaban una sala del pasado de un pasillo del presente que me llevaría a un futuro incierto.

—Cuidado con esas sillas —le dijo el que empujaba al que jalaba la camilla.

Yo seguía detrás de ellos, en el pasillo, pasando frente a varias habitaciones con sus puertas semiabiertas, unas más que otras. Según las voces y sonidos que venían de cada una y las expresiones de las personas que a veces lograba ver adentro de cada habitación, podía descifrar el caso de cada paciente o por lo menos darme una buena idea. Unas vidas estaban por finalizar mientras otras estaban iniciando y los padres felizmente regalaban recuerdos de chocolate, unos celestes y otros rosados. En una habitación tenían de ambos colores. Unas habitaciones irradiaban alegría, algunas manifestaban tristeza y otras destellaban alegría por recién haber superado una tristeza. Me pregunté qué tipo de habitación tendría yo después de que el doctor interpretara esos rayos equis que estaban por sacarme.

¿Qué me había sucedido hace unas horas en esa piscina? Espero que no sea nada serio, pensé, mientras los enfermeros me preparaban para fotografiarme el esqueleto. Me quitaron la ropa para ponerme una bata delgadita con un diseño espantoso. ¿Dónde están aquellas bailarinas guapas en este momento? En lugar de esos dos hombres adormecidos, sería ideal que ellas me desvistan y de una vez me den un masaje rehabilitador para que así, tal vez, despierte mi cuerpo para lograrlo mover. Los enfermeros contaron hasta tres y me trasladaron a la plataforma de la máquina de rayos equis, donde me acostaron y colocaron adecuadamente.

—Por favor no se mueva —me dijo uno de ellos.
Qué irónico, pensé yo, ya que realmente no me podía mover. Aunque sabía que él se refería a mi cuello y cabeza que aún podía controlar.

—Una, dos, tres —contó nueva y lentamente el otro antes de presionar el botón.

En lo que estaban listas las radiografías y me sacaban unas imágenes de resonancia magnética, decidí dar una vuelta por el hospital. Regresé a la sala por donde ingresamos y encontré a mis padres, hermano y amigos, todos muy nerviosos, esperando los resultados de mis exámenes. Unos caminaban muy inquietos por la sala, otros fumaban afuera de las puertas de vidrio y la mayoría permanecía sentada, todos en silencio. Mi padre, que estaba en uno de los varios momentos de su vida intentando dejar el cigarrillo, le pidió uno mentolado a mi amiga.

—¡Pésimo momento para dejar de fumar! —le dijo. Ella, sin saber qué contestar, se lo encendió rápidamente.

A pesar que era muy tarde, o dependiendo de cómo se vea, muy temprano en la madrugada, más familiares y amigos llegaban poco a poco al hospital. Saludaban a mi padre y hermano que se mantenían afuera, platicaban un rato y después entraban a hablar con mi madre.

—¿Les vamos a avisar a mis hermanos? —le preguntó mi hermano.

—Cuando sepamos qué está pasando —contestó mi padre, machucando con fuerza la colilla del cigarro.

Uno de mis hermanos, "El Gigante" de más de dos metros de altura, estaba en El Salvador. Probablemente ya estaba durmiendo y descansando un poco después del concierto de un grupo boricua de reggae, razón por la que estaba en la playa del país vecino. El concierto debió haber sido un fin de semana antes y yo tenía planeado irme con él para disfrutarlo junto a unos amigos guanacos que conocimos durante la Semana Santa. Pero por razones desconocidas el conjunto Rastafari lo pospuso una semana y yo decidí ya no ir. Mi otro hermano, el menor de los cuatro, viajaba por Asia con un buen amigo y un par de mochilas. Yo llevaba casi diez meses de no verlo y faltaban pocas semanas más para que regresara.

De repente, agitado ingresó a la sala un doctor con aspecto muy amigable. Solo al verlo ya inspiraba mucha confianza. Se notaba bastante cansado, no solo por la hora que era, sino porque acababa de salir de una complicada cirugía. Era el mejor neurocirujano del país y se lo habían recomendado a mis padres unánimemente.

—Hola mucho gusto, soy el Dr. Broder —se presentó sacudiéndole la mano a mi padre.

Después le dio la mano a mi madre, quién por inercia de una vez le extendió un abrazo. Mi hermano se acercó de inmediato y también lo saludó. Habíamos escuchado maravillas del Dr. Broder, que tenía unas manos dotadas con las que había operado a cientos de pacientes exitosamente. Hace unos años, uno de sus hijos necesitó una operación extremadamente complicada que era bastante riesgosa y en la cual tenía un cincuenta por ciento de probabilidad de sobrevivir. A pesar de que no era su especialización, el Dr. Broder no quiso que nadie más la llevara a cabo, así que se preparó arduamente por varios meses y logró con laurel la operación de sus vidas.

En otra ocasión nos compartió que sus tres prioridades en orden son: primero y ante todo, Dios; después viene su trabajo y de tercero su familia. Nos sorprendió el orden de la segunda y la tercera, pero nos reafirmó que estaba en muy buenas manos.

—Por favor, acompáñenme a mi oficina.

Me fui detrás de ellos y al entrar ya estaban expuestas mis radiografías en el negatoscopio. Aunque estaba apagado, intuí que el Dr. Broder ya las había revisado y sabía exactamente qué me había pasado. Las imágenes de resonancia magnética colocadas en orden sobre su escritorio, en el cual humeaba una taza de café que cogió para darle un sorbo. Frunció la frente, bruscamente separó sus labios de la cerámica y colocó la taza de regreso. *Mejor Papá y Doctor del Mundo*, decía en la taza, acompañado de simpáticos dibujos de colores.

—Por favor, tomen asiento —dijo serio y sereno, pero mi padre decidió mantenerse de pie.

El ambiente estaba muy frío, más por la situación que por el aire acondicionado.

—Estas son las vértebras cervicales: uno, dos, tres, cuatro, cinco, seis y siete —explicó el Dr. Broder con la ayuda del borrador de un lápiz desgastado—. Si logran observar, la C5 y la C6 están completamente fracturadas, por delante y por detrás, por lo que tendremos que abrir para remover todos los pedacitos de hueso. Después fijaré la espina dorsal con una plaquita de titanio que colocaré de la C4 a la C7, reforzándola con un poquito de huesito que extraeremos de su cadera.

Quizás para que suene menos tedioso y doloroso, pensé, auto-contestándome el por qué los doctores suelen usar tantos diminutivos.

—Ese no es ningún problema —dijo el Dr. Broder caminando hacia su escritorio, donde seguía su taza favorita de la cual ya no salía tanto vapor—. El problema es que uno de los pedacitos de hueso impactó con la médula.

Sentí un poco de náusea aunque no sabía exactamente qué implicaría lo que dijo el doctor.

—Pero… ¿qué pasa con eso? —preguntó mi madre exaltada.

Mi padre colocó sus manos sobre los hombros de mi madre como queriéndole hacer un masaje que, por la tensión, nunca empezó.

—La médula espinal es un cordón largo parecido a un fideo muy fino localizado en medio de todos estos huesitos que vemos aquí y se encarga de transmitir mensajes ya sea del cerebro a todo el cuerpo, así como de cualquier parte del cuerpo al cerebro. Es como el cableado del ser humano —explicó el Dr. Broder.

Hasta ese momento entendí con claridad el peligro de los

golpes en la espalda y cuello. Crecí muy consciente de ese peligro, pero nunca me había interesado en averiguar el por qué. Mucho menos tenía idea de la mecánica y gran poder de ese "espagueti electro-nervioso" que tenemos entre nuestros huesos.

—¿Qué cuadro estamos viendo doctor? —preguntó mi padre tratando de mantener la calma.

—¿Están familiarizados con el caso de Superman? —cuestionó el doctor secándose las gotas de sudor que se escurrían en su frente.

Hubo un silencio extraño mientras todos tratábamos de asociar mi accidente con un hombre encapado de calzones rojos que soplaba potentemente y volaba. Resulta que hace varios años atrás, Christopher Reeve sufrió una lesión del mismo tipo y más o menos al mismo nivel que la mía al caer de un caballo durante una competencia hípica. A causa de ese mamífero que se rehusó a saltar un obstáculo, el intérprete de Superman Uno, Dos, Tres y Cuatro cayó al suelo con todo su peso sobre su cabeza y quedó paralizado del cuello hasta los pies. Pasó el resto de su vida con un respirador artificial, manejando con sus labios una silla eléctrica con la que se movilizaba. Al Dr. Broder se le cortaba la voz, pero alcanzó a decir que el mío era un cuadro muy parecido.

Mi hermano abrazó a mi madre y de inmediato empezaron a llorar desquiciadamente. A mi padre únicamente lo había visto llorar una vez en mi vida cuando su socio y gran amigo murió después de una dura batalla contra la leucemia. Esta fue la segunda. Derramaba muchas lágrimas, silenciosamente, mientras se tocaba los bolsillos queriendo encontrar su cajetilla de cigarros. Al salir de ahí pasó por la tienda más cercana y de una vez compró un cartón.

—¡Mírenme, estoy bien, estoy bien! —les grité, pero no me escucharon.

Traté de calmarlos y abrazarlos, pero nadie sabía que yo estaba ahí. No soportaba ver tanta desolación y angustia en mis padres y mi hermano, en mi familia, en la fuente de mi felicidad. El Dr. Broder miraba hacia el suelo, tratando de contenerse, pero no pudo y también soltó algunas lágrimas. Esto es una pesadilla, pensé. ¡Quiero despertar!

Cerré los ojos y me imaginé como Christopher Reeve, volando muy alto entre las nubes con mi capita roja aleteando con el viento, con una mano empuñada al frente y con la otra cargando a una chica muy guapa.

anestesia

La emoción que sentía era inmensa. Había llegado el día de ver a mi hermano menor después de casi un año de solo intercambiarnos mensajes esporádicos por Internet. Moría de ganas por que me contara de sus aventuras en el otro lado del charco y compartirle también unas cuantas mías, ya que cuando yo me fui por allá, él aún era muy pequeño y esas historias no son aptas para menores. El plan era recogerlo en el aeropuerto con mis otros hermanos e irnos directo a un concierto de música electrónica. Tomar un par de cervezas, platicar y escuchar un poco de *punchis-punchis*[2]. Mis padres tendrían que verlo hasta la mañana siguiente o quizás hasta la tarde debido a que el muchacho es bastante dormilón.

Me atrasé en el trabajo así que mis hermanos fueron a recoger al trotamundos sin mí. Yo me fui directo al zoológico, lugar muy adecuado para el concierto ya que después de un rato, entre

---

[3] Algo así suena la música electrónica.

las drogas y esa música, algunos actúan como animales. Lo bueno es que el evento era en un jardín bastante alejado de los verdaderos animales porque, de lo contrario, se volverían locos, se escaparían de sus jaulas y atacarían la ciudad al ritmo del DJ alemán.

Me devolvieron un tercio rasgado de mi boleto y me colocaron una tira de plástico blanco en la muñeca derecha. Otros tenían pulseras anaranjadas y unos pocos lucían verde fosforescente.

—Te cambio esta por una verde —bromeé con el de la entrada.

—Dame los seiscientos de diferencia pues —me contestó con una sonrisa pícara.

—Me saliste pilas[4] —le dije chocándole la mano.

Al entrar, el bajo se escuchaba muy fuerte y aún me faltaba un buen trecho para llegar al mero despelote. Caminando hacia las luces a un paso campante imaginaba la nueva imagen de mi hermanito ya no tan menor. ¿Qué tan largo tendrá el pelo? ¿Se habrá puesto aretes o tatuajes? ¿Estará más gordo por tanta comida que deleitó o más flaco por caminar por doquier cargando varios kilos en su mochila? Si esos dos factores se balancean, probablemente se mirará igual. ¡En tan solo minutos dejaría de imaginar y asumir!

El DJ local, que abrió el concierto y no estaba nada mal, terminaba su set con su producción más conocida. Había un gentío brincando por todos lados, bailando cada quién a su manera pero armoniosamente al gusto del dignatario musical. Era un océano humano bajo una gran tempestad. Las luces inteligentes simulando cientos de rayos de colores. De repente, presionando unos botones

---

[4] Una persona pilas es alguien muy atento que no se le escapa una y aprovecha las oportunidades.

y meneando unos controles, las inmensas olas de cabello se calmaron y fueron desapareciendo al compás de una voz femenina y dulce que causaba un tipo de trance hipnótico. Aproveché ese momento para localizar una cabeza rizada que sobresaliera unos cuarenta centímetros de las demás, pero al no verla por ningún lado comprendí que mis hermanos aún no habían arribado, a menos que "El Gigante" estuviera recogiendo algo o atándose un zapato.

Volteé para buscarlos y solo encontré un grupo de personas moviéndose alocadamente mientras pintaban el espacio con pequeñas barras de luz neón. Una de ellas, una jovencita que tenía un gorro rosado y mejor ritmo que los demás, guardó sus varitas luminosas en su bolso, también rosado, de donde sacó dos cadenas delgadas y un recipiente de plástico. Cogió las cadenas de un extremo y al otro, mientras colgaban hasta el suelo, les echó un poco de gasolina. Encendió sus armas de danza con un cigarrillo que ya llevaba a medias, al cual le dio un último jalón, y comenzó a fabricar figuras de fuego por todo su contorno. Los movimientos de sus manos y muñecas eran muy sutiles pero producían grandiosos círculos pirotécnicos que fascinaban a todos alrededor. A mí más que a nadie, que quedé ido y perdí la noción del tiempo por un período desconocido.

Más y más personas se unían a la rueda gigante que habían formado para apreciar esas llamas acompasadas, donde sobresaltado me encontraba en primera fila. Desenfoqué a la estrella del momento y atravesándola con la mirada logré ver que justo enfrente, del otro lado del círculo se encontraban mis hermanos, uno al lado del otro en orden de estatura.

—¡Ey! —les grité agitando mis brazos—. ¡Ey, aquí!

Ya que no me escucharon ni notaron mis señales atolondradas, preferí sorprenderlos. Comencé a circular hacia la izquierda para evitar atravesarme, incendiarme y consecuentemente robarle el show a la chica del gorro y bolso rosados. Algunos se molestaron cuando pasé delante de ellos, así que mejor me salí de la rueda y continué mi camino fuera de ella. Cuando llegué al otro lado no encontré a esa escalera fraternal que había localizado hace unos minutos, así que tratando de no empujar mucho me hice camino nuevamente hasta adelante. Observé cuidadosamente toda la circunferencia, pero mis hermanos no estaban en ninguna parte.

Salí de la rueda muy afligido, odiándome por haberlos perdido de vista, y fue justo ahí que los localicé caminando hacia la salida. No escucharon mi griterío así que troté para alcanzarlos, pero por alguna razón sentí muy pesadas mis piernas y muy lentos mis pasos. Ellos caminando tranquilos avanzaban más ligero que yo corriendo con todo mi esfuerzo. Entre la angustia y el esmero sudaba como un puerco a las brasas. Cerré mis ojos, me esforcé hasta más no poder y cuando los abrí, tenía a mis hermanos a tres metros de distancia. Con la camisa empapada saqué lo último que me quedaba en forma de un salto largo. Mis hermanos sintieron mi aterrizaje cerca de sus pies y se voltearon casi al mismo tiempo. Después de unos segundos de esclarecimiento me ayudaron a levantarme con crecidas sonrisas en sus rostros.

—¿Y ese salto? —me preguntó uno de ellos en lo que yo me sacudía un poco el pantalón.

Le contesté con un apretado abrazo de bienvenida. ¡Que bueno verlo!, le quise decir, pero mi voz sonó tan extraña que ni yo mismo entendí. Me asusté mucho, lo solté y di un paso hacia atrás. Los busqué por todos lados, intenté decir algo de nuevo, pero de mi boca solo salió un sonido distorsionado. Sonó igual a un robot fundiéndose lentamente. Me invadió un gran temor, lo mismo que noté en los semblantes de mis hermanos. Sus caras de pronto resaltaban más en la oscuridad de la noche y estaba seguro que la mía también relumbraba de palidez. Tenía miedo de romper ese silencio tan frío intentando hablar nuevamente, pero tuve que hacerlo. Y nada. Nada más que sonidos electrónicos que espantaron a tres de mis seres más queridos, los que se fueron alejando de mí, huyendo lentamente. A dónde van, quise gritarles. ¡No se vayan! Tanto tiempo había esperado este momento y tanto más quería que compartiéramos. Lágrimas de frustración y tristeza bajaron por mis mejillas. Me sentí partido en mil pedazos viendo como desaparecían entre la penumbra de la distancia.

A pesar de lo fresco de la noche, sudaba exageradamente cuando desperté.

—Solo fue una pesadilla —dije en voz alta para corroborar que podía hablar bien, sin ningún tipo de distorsión—. ¡Qué alivio! —exclamé para asegurarme por completo.

Ya un poco más calmado me concentré en lo que mi imaginación había fabricado mientras mi cuerpo descansaba. Estupefacto me levanté de mi cama y me dirigí al baño. Como en casi todas las mañanas, una erección me complicaba la respectiva orinada, así que hice lo que la experiencia me ha enseñado. Apoyé una mano en la pared de azulejos donde se encontraba el inodoro y di unos pasitos para atrás, ajustando el ángulo de proyección para que después no hubiera necesidad de limpiar la taza ni el suelo. Empecé a sentir mi brazo adormeciéndose, pero todavía me faltaba orinar un poco más.

Salí del baño girando mi hombro derecho para calmar el dolor y el cansancio, pensando que la próxima vez que orinara tanto debería turnar los brazos para apoyarme. Era muy temprano y la luz aún tenía un tono índigo que coloreaba tenuemente el interior de mi casa. Me dirigí a la cocina en modo automático antojado de un café con champurradas[5], cuando me detuve a metro y medio

---

[5] Galletas tostadas, redondas y planas que saben aun mejor remojadas en el café.

de una pared que no debía estar ahí. Era una pared blancuzca y sucia que nunca había visto antes, como si la hubieran construido durante la noche mientras yo revoloteaba en mi cama. Colgado en ella había un adorno sumamente extraño que me hipnotizó la mirada. Por más que quería voltearme, mis ojos no podían quitarle la vista a ese artefacto estrambótico que no lograba identificar. Me sentí extremadamente confundido y desubicado. Era una sensación desagradable, un presentimiento de que algo malo pasaría en cualquier momento. Traté de retroceder hacia mi habitación pero no pude mover ninguna parte de mi cuerpo. Ni siquiera podía cerrar mis párpados para tratar de relajarme un poco, lo que me puso aun más nervioso. Me sentía incompetente, con la mirada fija, tratando de descifrar dónde me encontraba. Las sensaciones negativas seguían acumulándose y sentí que habían varias personas o quizás espíritus detrás de mí. No podía siquiera voltear mi cabeza y me invadió un miedo que nunca antes había sentido.

—¡Ayuda! —grité sin saber qué más hacer, pero nadie me respondió.

Dónde diablos estoy, me pregunté con los ojos llorosos. No entendía por qué esa pared me causaba tanta aflicción. En un efímero momento me di cuenta que esa pared era realmente el techo que observaba acostado desde mi cama y ese adorno tan extraño era la lámpara que colgaba de él. Por un instante estuve soñando y al otro de repente ya estaba despierto, tratando de captar en qué momento había sido la transición. Me sentí aun más confundido, sin saber cuánto tiempo llevaba ya despierto viendo ese techo, confundiéndolo con una pared desconocida de mi subconsciente.

Todavía pensando en lo que me acababa de suceder, caí en cuenta en cámara lenta que ya me podía mover, aunque solo mis hombros y cabeza. También podía mover mi cuello, pero un inmovilizador de plástico rígido me sugirió no hacerlo. Me encontraba en una habitación desconocida rodeado de máquinas que producían sonidos monótonos, a las cuales estaba conectado. Debía estar sobresaltado, pero por alguna razón sentía mucha calma. La puerta estaba semiabierta, por donde se colaba una tenue luz blanca.

—Hola —entre dije y pregunté, pero me atraganté de inmediato y empecé a toser incontroladamente.

—Respira por la nariz —me dijo la enfermera que entró apresurada a mi habitación—. Solo por la nariz —repitió con empatía.

Me estaba asfixiando y se me hacía extremadamente difícil cumplir con lo que ella me indicaba. Me acordé de mis épocas de ortodoncia, cuando me hacían moldes de mi dentadura con un recipiente lleno de una pasta insípida que me sofocaba cuando la presionaban contra mi paladar. Me exigían que respirara por la nariz y yo casi muriéndome y a punto de vomitar. ¡En más de una ocasión vomité en el piso de la clínica! Se me hacía imposible no ahogarme, así como me estaba ahogando en esa habitación frente a la enfermera. Sabía que siguiendo su consejo (el mismo que me daba mi ortodontista) todo estaría bien, pero el hecho de estarme asfixiando me aterraba y no dejaba concentrarme en mi respiración.

Con los ojos lacrimosos por fin logré guiar el aire únicamente por mi vía nasal. Poco a poco me fui serenando.

—Ya estás bien —me dijo la enfermera acariciándome el cabello—. Lo que sucede es que estás todo entubado porque tienes un poco de dificultades respiratorias —me explicó—, entonces es muy importante que no respires por tu boca o si no el tubito te causará asfixia.

Al intentar hablar me ahogué de nuevo, pero procuré utilizar mi nariz y lo controlé. Quería preguntarle cuándo me quitarían los tubos.

—Ya vengo —me dijo—. Le avisaré al doctor que ya despertaste.

¿Cómo así que ya me desperté? Estaba bastante confundido. Aparte, no podía dejar de pensar en el hormigueo intenso que sentía en mis manos. Estaban muy pesadas, como si me hubiesen inyectado una triple dosis de anestesia local en cada una. Ya se me despertarán, pensé.

—¿Cómo está campeón? —me preguntó el Dr. Broder con una amigable sonrisa.

No quise intentar hablar de nuevo. Preferí contestarle que estaba bien guiñando un ojo y asintiendo mi cabeza.

—Duró aproximadamente doce horas, ¡pero la operación fue un éxito! —dijo el doctor—. Lo operamos por la parte frontal de su cuello pero después tuvimos que terminar en su nuca. Al finalizar lo inducimos en una coma y ha estado dormido por casi tres días. Estamos en el área de cuidados intensivos y veremos cuánto tiempo más necesitará permanecer aquí. A ver, respire profundo.

Aunque se me dificultó bastante más que antes, llené mis pulmones de aire y lo expiré automáticamente. Me pidió que lo hiciera de nuevo y así lo hice. Y una vez más. No me habló durante un buen tiempo, pero pude percibir en su rostro que estaba complacido, como si algo estuviese mejor que lo esperado. Yo ya no soportaba los tubos en mi garganta y justo cuando iba a hacer el esfuerzo de preguntarle, me leyó la mente.

—Esos tubos yo sé que son bastante fastidiosos… se los voy a remover de inmediato, al igual que, déjeme ver… —dijo examinando ambos lados de mi cabeza—. No, estos puntos los vamos a dejar para mañana. Tuvimos que hacerle una pequeña incisión aquí y de este otro lado para sujetar su cabeza durante la operación.

No me importaba. Solo quería que me sacaran esos tubos de mi nariz y garganta. El Dr. Broder regresó con la enfermera y un recipiente de acero inoxidable que hizo verme pura caricatura cuando lo puso frente a mi cara.

—Esto le puede molestar un poco —me dijo con una mano sobre los tubos y con la otra sosteniendo la parte trasera de mi cabeza—. Piense en algo alegre. ¿Listo?

Le afirmé con la mirada, pensé en un concierto de Los Amigos Invisibles y el Dr. Broder jaló los tubos hacia abajo con fuerza. Me dolió muchísimo, pero preferible ese breve dolor al constante malestar que sentía antes. Colocó los tubos en el recipiente que sujetaba su asistente y noté que tenían una desagradable mezcla de mocos, sangre y babas. Me quedó un picor extraño en mi garganta y nariz pero al menos lograría hablar sin ahogarme.

—¡Qué alivio! —dije, sintiendo un gran peso menos de encima.

—¿Sí verdad? Yo sé.

—Gracias doctor.

—Ya sabe, para eso estamos.

—No doc… ¡gracias por todo! —dije. Por salvarme la vida, pensé.

—Para eso estamos —repitió—. Es un verdadero gusto. A ver, concéntrese en su dedo gordo del pie derecho —me dijo, moviendo la sábana para destaparme los pies—. Ahora, trate de moverlo.

Cerré mis ojos y canalicé toda mi energía hacia mi dedote. Sentí que lo movía, para arriba y para abajo, pero al abrir mis ojos lo único que se movía así era un trapo con el que limpiaban mi ventana.

—Pruebe con el izquierdo —me instó, pero nada—. No importa, lo intentaremos más tarde. Cuénteme, ¿soñó algo todo este tiempo?

—¡No tiene idea! —le contesté recordando un poco—. ¡Una locura!

—Sí, la anestesia generalmente altera un poco los sueños, hasta que su cuerpo la libera por completo.

—¡Uf, los altera más que un poco doc! —le dije, ido, recapitulando más detalles y entendiendo la razón de tal chifladura.

—Ya pasarán —me indicó con su mirada hacia unas hojas que llenaba con un lapicero fino que tenía una Estrella de David—. La enfermera Ortiz fue a llamar a su familia para que lo vean. Yo tengo que salir corriendo a una cirugía pero los miro a las tres y media. Mándeles un abrazo de mi parte a sus papis.

—Yo les digo, gracias… y otra vez, ¡muchas gracias por todo! —le alcancé a decir en lo que apresurado salía de mi habitación revisando su celular.

Me quedé solo en mi habitación, la cual no sabía que iba a ser mi hogar por las siguientes diez noches, esperando con ansias para ver a mis padres y hermanos. En lo que llegaban probé a mover mis pies, pero nuevamente solo sentía que los movía. Traté con los dedos de mis manos y nada. Únicamente ese sentimiento de pesadez y cosquilleo en ellas que no se quitaba. No entendía lo que estaba pasando. Solo quería que transcurriera el tiempo para sanar y poder moverme de nuevo. La siguiente semana empezaban las eliminatorias de baloncesto y tenía que estar bien para ayudar a mi equipo. Pronto iniciaría también el torneo de squash que tanto esperaba. ¡Ya deseaba jugar!

—¡Hola mi vida! —gritó mi madre cuando entró al cuarto y se acercó a abrazarme, por las circunstancias, con cuidado—. ¡Qué bueno verte despierto!

Imaginé a mis padres observándome en coma, día y noche, con esa preocupación e inquietud tan fuertes que solo ellos pueden sentir por nosotros.

—Hola Gordo —dijo mi padre poniendo sus manos sobre mis pies.

—¡Hola señores, qué bueno verlos! No siento tus manos, ¿sabés?

—Ya las vas a sentir —me dijo entrecortado.

—¿Qué me pasó? —pregunté para entender un poco.

—¿No te acordás de nada, papito? —contestó mi madre con otra pregunta, para evadir la verdadera respuesta—. No tenés idea cuánta gente querida nos acompañó todo este tiempo. ¿Te recordás?

—Tengo pequeños flashazos de todo pero nada concreto. Aparte he tenido muchos sueños y ya no sé qué es real y qué no.

—Pues antes de entrar a la sala de operaciones lograste ver a todos desde el pasillo y me dijiste que se miraba más alegre allá afuera que aquí adentro. A pesar de la situación me sacaste una sonrisa —dijo con otra sonrisa.

—No me suena mucho mama, pero tal vez me vaya recordando poco a poco. ¿Y mis hermanos?

—Ya vienen en camino. Estaban ayudando a empacar las cosas, ya que nos mudaremos a un apartamento —explicó mi madre.

Vivíamos en una casa de tres pisos a la orilla de un barranco que de vez en cuando nos obsequiaba algunas serpientes que aparecían en nuestra sala o garaje. Nuestros perros, el Luka y la Goldy, acostumbran cazarlas o por lo menos localizarlas cuando les es imposible meterse detrás de los muebles donde se esconden esas criaturas de sangre fría. Pensé mucho en el primer nivel de la casa y cuánto lo iba a extrañar. En los últimos años, ahí nos reunimos con mis primos y amigos en vez de salir a las discotecas y bares, no tanto por disminuir gastos ni por la peligrosa situación del país, sino por lo bien y alegre que ahí la pasamos siempre. Escuchamos buena música mientras jugamos billar y fumamos una narguile con tabaco de mandarina. La Goldy siempre escondiéndose de las visitas mientras Luka anda correteando por ahí, repartiendo sus tarjetas de presentación de perro juguetón.

—En lo que dejás la silla de ruedas —agregó mi padre—. Para que sea más cómodo mientras tanto.

Semanalmente, uno de mis hermanos ensaya con su conjunto musical llamado *Teikirizi*[6] en esa misma área de la casa. Así que no solo la pasamos de maravilla en ese lugar, sino también tenemos conciertos en vivo que le agregan más encanto a la ocasión. Qué lástima, pensé, pero pronto me recuperaré y regresaremos.
Tocaron la puerta y supe que eran mis hermanos. Entraron los tres, un poco sudados y empolvados, felices de verme. Mi felicidad era mayor a la de ellos tres juntos. Rodearon mi cama y con sus expresiones entendí todo lo que sentían y querían decirme. Pero hablamos de otras cosas.

---

[6] Así escribo "take it easy" a mi manera y es parte de mi firma en toda comunicación informal escrita. Al grupo musical le gustó y por ende se llaman así.

—Le trajimos su iPod y sus bocinas —dijo uno de ellos sabiendo lo que significa la música para mí—. Le preparamos varios *playlists* con toda la música que le gusta.

—¡Grandes! —les dije—. Muchas gracias mis *brothers*, seguro los escucharé un montón.

Fue desde esas noches en el hospital que me acostumbré a dormir acompañado de notas musicales llenando la habitación, sobrevolando a mi alrededor. Escuché cantidades exageradas de música y aprendí muchas cosas de ella. Aparte de apreciarla más y entender que es infinita, descubrí que no hay nada mejor que encontrar un álbum que se pueda escuchar desde la primera canción hasta la última, sin adelantar una sola. No hay tantos de esos discos si se comparan a los cientos de miles que lanzan cada año, pero sentir esa conexión con el arduo trabajo y dedicación de un artista es simplemente invaluable. Aprendí muy bien a escuchar cada género de música en el momento adecuado para, por ejemplo, evitar despertarme a media noche a causa de una canción que antes de dormirme aparentaba ser más tranquila. También me desperté muchas veces en la madrugada hasta que descubrí que el volumen adecuado de mis bocinas es el número trece, aunque al principio, antes de dormirme, no se escuche casi nada. El oído se acostumbra poco a poco y más vale ser paciente que despertarse más tarde de un susto por una trompeta que sonó muy fuerte.

—¡Ya se vienen las semis de la Euro! —me informó otro de mis hermanos, conociendo mi fanatismo hacia el futbol—. Mañana juega Alemania contra Turquía y el jueves Rusia contra España.

—¿Rusia? Ahí debería estar Holanda. ¡Qué lástima que perdieron! ¡Igual van a estar buenos los juegos! —dije volteando mi cabeza hacia la esquina superior derecha para asegurarme que había visto un televisor—. Le apuesto que ganan Alemania y España y queda campeón Alemania.

—¡Cien quetzales! Yo digo campeón España —me contestó llevando su mano hacia la mía para formalizar la apuesta, sin saber que días después me la ganaría.

—Órale —le dije—. Les juro que ya no aguanto esta cuellera. ¡Es tan incómoda! ¡Cómo me pica también! —me quejé con todos.

—Ay papito, el doctor dijo que la vas a usar mínimo tres meses —me dijo mi madre empáticamente—. La plaquita tiene que fijarse bien y no te podés exponer a ningún golpe. ¡Dios guarde!

—Claro —contesté, empezando a entender que esto será de mucha paciencia.

De pronto sentí algo extraño. Mi padre seguía con sus manos sobre mis pies y les hacía un tipo de masaje que creí empezar a percibir. Era una sensación muy leve así que mejor cerré mis ojos para concentrarme más en el sentido del tacto.

—¿Qué te pasa? —preguntó mi padre preocupado.

—Creo que… siento… tus manos.

—¿A lo macho?[7]

—¿En serio?

—¿De verdad? —gritaron todos casi al mismo tiempo.

¡Sentía! Como si tuviera unas botas gruesas puestas y esas estuvieran acariciando, ¡pero sentía! O como si vistiera siete pares de calcetas una encima de otra, ¡pero alcanzaba a sentir algo! Nos

[7] Expresión que se usa cuando hay cierta incredibilidad.

emocionamos muchísimo y nos reímos nerviosamente. Si tenía sensación, ¿por qué no movimiento?, pensé. Me concentré para hacer el mismo ejercicio que intenté antes con mi dedo del pie, pero esta vez levantando mis brazos. Tenía a dos de mis hermanos a mis costados, muy cerca de cada una de mis manos, así que planeé pegarle a ambos en donde más nos duele.

—¡Ay cerote[8]! —gritó una de mis víctimas tan sorprendido que ni sintió dolor.

Ni yo mismo me la creía. Intenté mover cada músculo de mi cuerpo y se me hizo difícil al principio, como si tuviera que quitar el óxido de mis bisagras, pero después de un rato lo logré y me movía como si nada hubiera pasado. Uno de mis hermanos puso la canción *Ice Ice Baby* de Vanilla Ice en mi iPod, yo me paré de la cama y, tal y como acostumbro desde los ocho años, la bailé enterita. Nuestra felicidad no cabía en esa habitación y se escurría por debajo de la puerta. Ya me había mentalizado que sería mínimo un par de meses para recuperarme, así que los avances prematuros me tenían radiando de alegría.

—¡Ya me orino! —grité exhausto al terminar mi baile de celebración.

Me dirigí al baño exhibiendo mis nalgas que esa bata demacrada malograba cubrir. La levanté y me asusté mucho. De mi meato salía una manguera de látex que se conectaba a una bolsa de plástico, conteniendo unos doscientos cincuenta mililitros de orina, atada a mi pierna derecha. Realmente no sentía dolor pero solo de pensar y ver que tenía algo metido ahí me incomodaba excesivamente. Tomé la manguera y cerré mis ojos antes de jalarla hacia fuera de un solo tirón, causándome unas cosquillas raras.

---

[8] Patrimonio nacional. Los chapines, dependiendo del contexto, la usamos para insultar, para elogiar, como sinónimo de "amigo", entre otras. Literalmente, es un pedazo de mierda.

Desamarré la bolsa de mi pierna y tiré todo al basurero, con fuerza. Después aprendí que esa manguera entremetida, llamada catéter de Foley, pasaba por mi uretra hasta llegar a mi vejiga con la intención de drenarla, ya que a raíz de mi accidente no sería capaz de controlar mi esfínter. Oriné felizmente por toda la taza, como meándome en todo lo que supuestamente no sería capaz.

—Les cuento que… —empecé a decir cuando salí del baño y me quedé pasmado.

Ya no estaba mi habitación. Ya no estaba mi familia. Solo estaba un pasillo obscuro de aproximadamente una cuadra con varios bombillos débiles espaciados cada cinco metros, alumbrando unas pinturas que adornaban las largas paredes. Me dio escalofríos y sentí que flotaba de tanto que se me aguadaron las piernas. De repente, justo a la mitad del pasillo se encendió un rótulo de luz roja que señalaba una salida hacia la izquierda. Avancé lentamente y de inmediato me di cuenta que efectivamente estaba flotando. Mis pies se encontraban a unos quince centímetros del suelo y yo recorría el pasillo volando despacito como un fantasma. Las que creí que eran pinturas, eran realmente unos retratos de gente sombría y malcarada. Eran los rostros más aterradores que había visto en mi vida y estaban haciendo su trabajo: ¡yo estaba cagado![9] Sus ojos me perseguían mientras pasaba enfrente de cada uno, tal y como creía que pasaba únicamente en las películas y sueños.

Muerto del miedo seguí avanzando, lentamente, cuando detrás mío se somató la puerta del baño que había dejado abierta. Zarpé como un torpedo lo que hacía falta para llegar a medio pasillo, con la idea de salir de ahí, pero cuando llegué me fallaron los frenos y me fui de largo. Logré ver cuatro retratos colgados de ese otro lado del pasillo que estaban aun más feos que los primeros. Traté de

[9] Expresión que se usa cuando se tiene tanto miedo que uno siente que se le sale todo.

regresar a la salida, pero me pasé nuevamente. Intenté varias veces usando diferentes estrategias y siempre dejaba la salida detrás de mí. ¡Qué sensación tan frustrante y desgastante! Además ya estaba muy cansado.

Por alguna razón, la puerta del baño ahora estaba completamente abierta y vi cómo la luz se encendió, invitándome a regresar. Volé hasta ahí, cerré bruscamente la puerta y caí al piso, recuperando la gravedad. El golpe en la cabeza me dejó noqueado.

sorpresa

—¿Por qué están aquí? —preguntó el oficial escaneando el pasaporte de mi padre.

—Está revisando el pasaporte equivocado —le dijo mi madre ya bastante enfurecida, pues llevábamos más de una hora esperando en el cuartito—. Tengo una ambulancia esperándonos allá afuera para mi hijo. ¡Tenemos que irnos!

Cuatro años atrás regresaba a casa desde Nueva Zelanda, donde tuve la gran oportunidad de conocer y estudiar durante cinco meses. Tenía una escala de once horas en Los Ángeles, donde contaba con familia cercana que ya me esperaba afuera del aeropuerto para llevarme a comer y dar unas vueltas. Después de hora y media de cola el oficial de migración, con su rostro amargado y actitud de perdedor, me mandó a la Unidad de Inspección Secundaria. Ahí esperé otra hora en lo que me atendían y tuve tiempo de conocer a un portugués que se miraba bastante sospechoso. Estaba sentado a mi lado porque traía en su valija dos kilos de una droga que supuso que era legal en Estados Unidos de la misma manera que en Inglaterra, su país de procedencia. Este sí se metió en grandes problemas, pensé, muy nervioso de estar platicando con un narcotraficante. ¡Quién sabe qué otros personajes estaban conmigo en esa sala! Cuando me preguntó qué había hecho yo para estar ahí, se me ocurrió inventarme algo que le infundiera respeto hacia mí, algo más peligroso, o mejor dicho, más estúpido que lo que él había hecho. Mejor me quedé callado y levanté mis hombros, pues realmente no sabía qué hacía yo en ese lugar.

Resulta que me detuvieron por entrar a América (así como ellos egoísta y posesivamente le dicen) con mi visa de estudiante cuando solo pasaba de tránsito. Pensé que me explicarían la situación y me dejarían ir con mis tíos y primas, pero aparentemente para ellos eso sí era más peligroso que lo del lusitano. Me trataron como si llevaba puesto un chaleco-bomba y la intención de explotarme como desquiciado.

Después de utilizar mi única llamada (como si me acabaran de arrestar) para explicarle la situación a mi tío, me metieron a un cuartito para revisarme todo. ¡Menos mal no decidieron hacer el procedimiento del guante de látex! Y no lo digo porque hubieran encontrado algo. Me escoltaron al baño cada vez que necesité ir y me esperaron junto a la puerta hasta que terminara. Fue tan ridículo que hasta me quitaron las cuerdas de mis zapatos por si me quería suicidar. En vez de estar tomando cerveza y pasándola bien con mi familia paseando por la ciudad, pasé todo el tiempo detenido en una habitación supervisado por oficiales que solo hablaban muladas y eructaban sin ninguna pena. Cuando por fin me transfirieron a la terminal de donde salió mi vuelo hacia Guatemala, me esposaron y caminé por LAX recolectando cientos de miradas de personas que seguro asumieron que era un terrorista. ¡Si supieran la verdadera razón por la que me tuvieron así!

Le pregunté a un oficial (con quién platiqué un rato y conecté por tener descendencia guatemalteca) por qué estaban exagerando tanto mi trato y me explicó que tenían que manejar todos los casos por igual, aunque noté que él también pensaba que esto era patético. Abordé de último el avión y el oficial que me escoltó le entregó mis documentos a la aeromoza, indicándole que me los entregara hasta aterrizar. Fui oficialmente deportado y desde entonces no pasa una ocasión sin que me detengan por horas en el cuartito para que les cuente esta misma historia.

—¿En serio? —preguntó sorprendido el oficial—. ¿Por eso están aquí?

—¿Puede creerlo? —le contesté pensando que esta vez, por estar en silla de ruedas, sería diferente.

—Quisiera poder ayudarlos para que ya no les pase esto, pero no se puede borrar nada del sistema. Lo único que puedo hacer es sobreponer una nota indicando que no le pongan mucha atención a su caso, pero la advertencia siempre quedará ahí. Será a discreción del oficial de migración si lo detiene o no.

Gracias por el intento, pensé, pero no servirá de nada ya que esos oficiales son cada uno más pedante que el otro. Pero al menos logramos salir de ahí, sintiéndome un poco mejor por la opinión del oficial. La ambulancia que nos llevaría al hospital casi se va sin nosotros.

Después de varias semanas de extensa investigación y cientos de consejos de amigos y familiares, escogimos el Centro de Rehabilitación del Jackson Memorial Hospital en Miami para, según yo, hacer lo que tenía que hacer para regresar caminando a casa. Tenía la idea que serían varios meses de arduo trabajo y sacrificio que valdrían la pena para poder retomar los deportes y mi vida normal lo antes posible. Pues esa idea cambió al salir de ese cuarto sobre-dosificado de aire acondicionado, donde los doctores y fisioterapeutas que me evaluaron me bajaron a la realidad.

Mi tiempo de permanencia en el centro como paciente interno sería de seis semanas, que era menos de lo que esperaba, pero en ese lapso no me harían caminar de nuevo como pensaba, sino educarme y enseñarme a vivir con una lesión medular. Me explicaron que durante un período de aproximadamente dos años después del accidente, en lo que se desinflama la médula espinal, el cuerpo puede mejorar y recuperar cierta funcionalidad y sensibilidad. Después de ese lapso ya me podía dar una buena idea de cómo quedaría de por vida. Fue ahí cuando entendí la magnitud de mi situación. Cuando comprendí que todo el esfuerzo, compromiso y paciencia que tenía contemplados tendrían que multiplicarse. El mundo se me debió haber venido encima, pero por alguna razón mantuve la calma, armado de mucha fe y optimismo.

—Recibirás dos horas de fisioterapia y una hora de terapia ocupacional al día —anunció la enfermera mostrándome el horario que me habían preparado.

En casa había recibido un poco de fisioterapia durante los meses en que esperaba la autorización del Dr. Broder para poder viajar, pero por ser bastante pasiva no logré mucha fuerza ni movimiento. Mantenía una almohada encima de mis piernas y sobre ella descansaba mis brazos, quietos la mayoría del tiempo. No tardé mucho en percatarme de la cantidad de veces que uno se rasca alguna parte de la cara durante un día. Todos lo hacemos inconscientemente y no nos damos cuenta, pero como ahora necesitaba ayuda hasta para saciar el picor, me daba cuenta de esos detalles. Y así como para algo tan simple como rascarme, ahora pedía ayuda para todo. Perdí algo muy valioso que fui cosechando durante toda mi vida: mi independencia. Me sentía como en mis primeros años cuando me tenían que ayudar hasta a comer y bañarme, con la delicada diferencia que ahora ya tenía consciencia y raciocinio. Gracias a Dios tenía a mi dedicada familia y amigos a mi lado inundándome de amor y apoyo en todo momento. Eran tiempos muy duros para mí, pero con ellos a mi lado se alivianaban bastante. Las cosas siempre pueden estar peor.

La idea de las sacadas de jugo[10] con las terapias es primordialmente fortalecer los músculos que aún conservaron su funcionalidad después de una lesión medular, para ser lo más independiente que se pueda con lo que se tiene. No me harían mover mis manos, ni mis pies, ni ninguna otra parte de mi cuerpo que fue inhibida por la lesión. La funcionalidad y sensibilidad del cuerpo se ven afectadas distintamente dependiendo del nivel de la lesión. Si mi lesión hubiera sido medio centímetro más abajo, por ejemplo, a un nivel de C7, sería capaz de mover mis manos y utilizar mis tríceps para facilitarme la vida considerablemente. A veces me lamento y me pregunto por qué no fue así, pero después recuerdo que si mi lesión hubiera sido milimétricamente más arriba, estaría con un respirador artificial moviendo únicamente mis ojos y mi lengua. Las cosas siempre pueden estar peor.

Las lesiones medulares pueden ser completas o incompletas. Si es completa y la médula espinal se corta totalmente, la sensibilidad y los movimientos voluntarios no son posibles debajo del nivel de la lesión. Un doctor croata de ese hospital, con su extraño acento me explicó que mi médula tenía un pequeño golpe, por lo cual me daba esperanza de recuperar significante movimiento y sensación. Otra razón por la cual las cosas siempre pueden estar peor.

—Aparte de tus terapias —continuó—, también tienes programadas varias clases donde aprenderás todo sobre lesiones medulares, lo que te ayudará a acoplarte más fácil, por así decirlo, a este nuevo estilo de vida.

¡Vaya que era una nueva vida! No solo por los numerosos y drásticos cambios, sino porque aquel caluroso día de junio, de

---

[10] Sacarse el jugo es trabajar duro y esforzarse mucho en algo.

una manera muy real, volví a nacer. ¡Fácilmente me pude haber ahogado en esa piscina! Y si no la muerte, más probable aun pude haber sufrido de daño cerebral. Solo Dios sabe por qué me concedió otra oportunidad. Era mi deber aprovechar al máximo el no estar enterrado en algún cementerio sin haber vivido a pleno. Las cosas siempre pueden estar peor.

—Hoy por la tarde irás a una sesión grupal para introducirte y escuchar otras historias de gente en tu misma situación... o parecidas —impuso la enfermera.

En esa sesión escuché casos que me dejaron con la piel de gallina. Me tocó sentarme frente a un tipo de unos cuarenta años que tenía tres bellas hijas, como vimos en su foto, que sufrió un accidente en la fábrica donde trabajaba. Lágrimas contagiosas mojaban sus mejillas mientras contaba lo que le sucedió. Explicó que la mayoría del tiempo sentía un dolor insoportable en sus piernas, lo cual era muy extraño, ya que tenía ambas amputadas. Le llaman el *síndrome del miembro fantasma* y le ocurre a casi todas las personas con mutilaciones debido a que el cerebro todavía detecta esos miembros que ya no existen. Pensando en esa gran ironía me sentí muy agradecido que, aunque no podía moverlas, aún tenía mis dos piernas y la esperanza de que algún día las pudiera usar de nuevo. Además, la mayoría de personas en esa rueda de sillas de ruedas se quejaban mucho de dolores neuropáticos y los comparaban con descargas eléctricas. Yo no sufría de ningún tipo de dolor, reafirmando que las cosas siempre pueden estar peor.

—Te pasaré a la cama con esta tabla —me dijo insertándola debajo de mi muslo para hacer un puente de mi silla hacia la cama.

—¿Tú sola? —le preguntó mi madre asustada, pues yo peso fácilmente el doble que esa bonita enfermera cubana. Por otra parte, estábamos acostumbrados a que me transfirieran entre cinco personas con una sábana, cada una sujetando una esquina y la quinta asegurándome el cuello.

—¿Creen que no puedo? —nos retó—. ¡Observen y aprendan! Presionó sus rodillas contra las mías, puso sus manos en mi cinturón y me jaló un poco hacia ella para liberar el peso de mis nalgas.

—¿Listo? —me preguntó.

Contó hasta tres y me giró hacia la cama con una facilidad sorprendente.

—¡Increíble! —gritó mi madre mientras yo pensé lo mismo.

—Así como esta, aprenderán muchas mañas más para simplificar tu vida —dijo guiñándome el ojo.

Tomó la bolsa con capacidad de dos litros que estaba un tercio llena de orina y la colgó a un lado de mi cama, pues había quedado suspendida en mi silla cuando me transfirió. Acercó mi silla a la pared y la puso a cargar. Desde el momento que llegué a ese hospital me asignaron una silla de ruedas eléctrica, del valor de un automóvil, que podía manejar con un solo dedo como un videojuego de carreras. La máquina era increíble y solo le faltaba tirar caparazones de tortugas verdes y rojas al presionar uno de sus botones, como en Mario Kart. Tenía una palanca que hacía que mi respaldo se moviera lentamente hacia atrás hasta quedar como un piloto de cohete espacial. Esa función sirve para trasladar mi peso hacia mi espalda, durante cinco minutos, para liberarlo de mis nalgas y así evitar yagas de presión, una de las advertencias más importantes para pacientes con lesión medular. Mi madre y yo escuchamos casos horribles de pacientes que hasta murieron por no cuidarse de las yagas. Por esa trascendental razón, y porque tenía que aprovechar esa nave de silla, hacía ese traslado de peso cada treinta minutos a pesar que me indicaron hacerlo cada hora. En las noches también me cambiaban de posición para dormir. Tres horas sobre mi lado derecho, tres horas bocarriba y el resto sobre mi lado izquierdo.

—Ahora, lo que más urge es deshacernos de esa sonda de Foley. Tener un cuerpo extraño metido todo el tiempo causa muchas infecciones urinarias —explicó la enfermera—. Te enseñaré lo que es la cateterización intermitente.

Antes de preparar unos materiales, me quitó el pants y el calzoncillo dejándome medio pelado en la cama. Yo siempre fui muy reservado con mi cuerpo, pero en los últimos meses me sentía como un modelo de desnudos, pues mucha gente me veía tal y como vine al mundo. Se colocó unos guantes de látex negros mientras me miraba seriamente a los ojos. Abrió una bolsa delgada y larga de donde sacó una varita de plástico de unos cuarenta centímetros. Parecía una pajilla gigante. Tomó la punta de mi pene con una mano y con la otra comenzó a introducir la varita en mi meato. Intenté moverme para evitar semejante tortura, pero habían atado mis manos a la cama con cintas de cuero.

—¿Dónde está el disco? —me preguntó enojada.

—¿Qué! ¡No tengo idea de qué me hablas! —contesté alarmado al ver cómo se acortaba el largo de la varita.

El dolor era insoportable y ya tenía cortes en las muñecas de tanto jalar las cintas para liberarme.

—El disco... con los números de cuenta... ¿dónde lo escondiste? —preguntó de nuevo, huraña, y la "pajilla" mitad adentro.

—¡No sé! ¡No sé! ¡No sé! —grité.

—Última vez que te preguntaré...

A su lado había una pequeña mesa plateada con varios instrumentos, la mayoría con filo, que me daban mucho pavor. El dolor era cada vez más fuerte y más profundo.

—Papito... papito —escuché decir a mi madre al despertarme—. Te quedaste bien dormido —agregó mientras quitaba unos cheles de mis ojos—. ¡Ya aprendí a cateterizar! Dice la enfermera que lo tenemos que hacer cada cuatro horas para vaciar por completo tu vejiga. Es extremadamente peligroso si se mantiene muy llena.

Sentí un poco de vasca. ¿Por qué no solo puedo orinar como antes?, pensé.

manos

Las instalaciones eran extremadamente pulcras y modernas. Pasamos por un bello jardín, donde algunos leían un libro, otros tomaban su refacción y una chica universitaria, parada de cabeza, practicaba yoga,. Aunque mi termostato se vio afectado por la lesión y estaba muy impreciso, el cambio de temperatura al pasar por las puertas automáticas me cayó de maravilla. Mi grado de esperanza se elevó aun más desde el momento que entramos.

—¡Bienvenidos! —dijo una señora cincuentona—. Por favor, pasen por aquí —expresaba un gran amor por su trabajo.

Justo enfrente había una elegante recepción con un arreglo floral sobre-elaborado. A la par se encontraba una puerta de vidrio con el logo grabado de donde continuamente salían y entraban personas con batas blancas y gafetes colgados en sus cuellos. Tanto a mi derecha como a mi izquierda habían unas habitaciones con ventanales donde podía ver a más sujetos con batas y gafetes ayudando a otros en sillas de ruedas. Juntos utilizaban muchas máquinas e instrumentos y a cada rato ingresaban información en unas computadoras portátiles.

—Como pueden observar, aquí siempre estamos llevando a cabo estudios de todo tipo para obtener resultados que les facilite la vida a personas con lesiones medulares.

El *Miami Project To Cure Paralysis* fue fundado en 1985 por el Dr. Barth Green y el jugador del Salón de la Fama de Futbol Americano, Nick Buoniconti, después de que su hijo Marc sufrió una lesión medular durante un juego colegial. Hoy en día tienen un equipo de más de doscientos cincuenta científicos e investigadores que, como indica el nombre de la fundación, buscan una cura para la parálisis corporal y cerebral.

—Efectuamos estudios sobre rehabilitación muscular, fertilidad, espasticidad, nutrición, dolor, entre otros —explicó—, y como pueden ver en los salones, tenemos la gran ayuda de muchos voluntarios para encontrar respuestas.

Aprendí durante mi rehabilitación la diferencia entre la espasticidad muscular y un espasmo. Al principio pensaba que eran lo mismo. Para entender eso, me explicaron que la sensibilidad está dividida en cuatro áreas: temperatura, dolor, presión y tacto. Yo recuperaba un poco de tacto y presión por debajo del nivel de mi lesión, pero si me tiraran una olla de agua caliente o me ensartaran una daga en la pierna, no sentiría dolor ni la temperatura del agua. Estaría todo quemado y ensangrentado sintiéndome más fresco que una lechuga, pero probablemente me darían varios espasmos muy fuertes, que son movimientos involuntarios de uno o más músculos como reacción del cuerpo a ciertas insensibilidades. ¡En una ocasión tuve un espasmo tan fuerte que me hizo patear con ambas piernas como un caballo enfurecido y me caí de la silla!

La espasticidad, por otro lado, es una "enfermedad" que refleja un trastorno motor del sistema nervioso y causa que los músculos permanezcan contraídos, manteniendo el cuerpo sumamente rígido y asimismo interfiriendo con sus funciones y movimientos. ¡Mi nivel de espasticidad era tan alto que asusté a mis fisioterapeutas! Tenerla no es del todo negativo, ya que me mantiene el tono muscular evitando la atrofia en mis piernas y otras partes de mi cuerpo, pero por lo regular estorba en mis terapias y actividades diarias. Por ejemplo, con una técnica motora llamada *tenodesis* logro hacer varias cosas con mis manos disfuncionales, como coger objetos pequeños y livianos. Cuando descubrí que podía coger una uva me comí tantas que pensé que orinaría vino. Volviendo al punto, cuando tengo mucha espasticidad mis dedos se ponen tan tiesos que no logro utilizar esa técnica.

Los médicos y terapeutas decidieron prescribirme potentes relajantes musculares para resolver, o al menos minimizar este problema. Mi nivel de espasticidad era tan alto que no solo me recetaron el máximo de un medicamento con ochenta miligramos al día, sino tuvieron que combinarlo con doce miligramos diarios de otro. Ese coctelito de pastillas funciona, pero también me azurumba bastante y me hace quedar dormido en momentos inoportunos.

Uno de mis fisioterapeutas me contó que muchas personas fuman o utilizan de alguna manera el cannabis para relajar la espasticidad. Me encantaría tirar a la basura tanto químico y tratar mi espasticidad con un poco de "la buena", pero aunque suena sabroso, no podría estar fumado todo el tiempo, pues no sería nada productivo.

—Aquí a mi derecha están realizando un estudio sobre la rehabilitación de manos en pacientes cuadripléjicos —continuó la anfitriona—, debido a que es lo más difícil de recuperar.

Esas palabras se quedaron tatuadas en mi cerebro. Mientras regresábamos al centro de rehabilitación después de conocer ese magnífico sitio indagador de milagros, miré mis manos con preocupación. Por la falta de movilidad ya habían perdido bastante el tono y se miraban un tanto raquíticas. ¿Por qué no puedo mover mis manos?, pensé. Suficiente no poder caminar ni controlar mis esfínteres. ¿Por qué además tenía que quedarme sin función en mis manos? Podría ser tanto más independiente y ablandar la situación si pudiera utilizarlas.

—¿Intentas mover tus manos? —me preguntó mi madre igual de consternada que yo.

—A veces —le contesté—. Lo hacía más al principio.

—Ya viste que nos dijeron que es muy importante mandarles mensajes de tu cerebro constantemente. Deberías hacerlo rutinariamente.

En ocasiones, cuando me acuerdo, cierro mis ojos y trato de hacer lo mismo con mis manos. Cerrarlas y abrirlas una y otra vez. Es muy raro porque siento que sí lo estoy logrando, pero al abrir los ojos me doy cuenta de lo contrario. De vez en cuando mis dedos tiemblan un poco o dan unos pequeños saltos, pero no son más que desmotivadoras fasiculaciones. Me parece ridículo seguir intentando y por eso no lo hago mucho, pero desde ese día procuré esmerarme más.

—Buenos días amigo. ¿Qué te pareció el tour? —preguntó mi fisioterapeuta ocupacional, pues era justo la hora de mi sesión cuando regresé.

—¡Increíble ese lugar! Me encantó.

—Sí, es impresionante lo que hacen ahí. ¡Y lo que viene será aun mejor! —dijo muy entusiasmado—. ¿Estás listo para la revancha?

—Por supuesto. Si no te da miedo —contesté bromeando.

Me ponen a hacer todo tipo de actividades para mover y ejercitar mis manos, pero la vez pasada jugamos backgammon y ya tenía listo el tablero para vengarse, según él, de la maltratada que le proporcioné.

—Seis y uno —dijo él al sacar el dado más alto —, ¡por supuesto que lo juego!

Las cosas empezaron bien para él, con uno de los mejores tiros para iniciar un juego. Yo saqué un doble seis que no me rindió como quería.

—Lo único malo de este juego, siento yo, es que uno puede llegar a un máximo nivel de destreza y el resto ya depende del dado y la suerte —expresé.

—Es cierto —opinó—. No lo había pensado.

—No es como el ajedrez que requiere de pura destreza y estrategia.

—Tienes razón, ¿sabes?

Terminé de mover mis piezas y él tiró un doble cuatro que me complicó aun más mi juego.

—Yo por eso después de un par de juegos me aburro un poco. A menos que juegue con el dado de apuestas. ¡Ese sí ya es otro juego!

—¿Cuál es ese dado? —preguntó extrañado.

—El de este tablero seguro se perdió, pero es uno que tiene los números dos, cuatro, ocho, dieciséis, treinta y dos y sesenta y cuatro en sus caras. Sirve para ir doblando el valor del juego. Voy a conseguir uno y te enseño a jugar así.

—Suena bien, pero yo no apuesto.

—Tranquilo, jugamos sin dinero —le dije, aunque prefiero mil veces más cuando se le mete pimienta al juego. No tiene que ser mucha para ponerle emoción.

—Oye chapín[11] —como me llamaba el cubano—, veo que ya tomas las piezas y dados con mayor facilidad. ¡Felicidades! Déjame ver algo.

Tomó mi mano de la muñeca y presionó ciertos puntos. El juego iba a medias y él estaba mucho mejor posicionado.

—Intenta estirar tus dedos.

Sin cerrar mis ojos esta vez puse toda mi energía en lo que me pidió. No vi ni sentí nada más que fasiculaciones. Seguí intentándolo y de repente, con inconmensurable esfuerzo, mi mano se empezó a abrir. ¡No lo podíamos creer!

—¡Mira chapín, lo estás haciendo! —gritó poniéndose de pie—. ¡Ahora ciérrala, dale!

Por alguna razón cerrarla se me hizo un poco más fácil.

—¡Bien, bien! ¡Con la otra mano! ¡Mejor con las dos de una vez! ¡Ábrelas, ciérralas, ábrelas, ciérralas!

¡Nos estábamos volviendo locos de la emoción! Después de abrirlas y cerrarlas durante dos minutos ya lo sentía muy natural. La sensación de tenerlas adormecidas se disipó poco a poco. Mi madre había salido del hospital para hacer unas compras y yo solo pensaba en su reacción a su regreso.

---

[11] Guatemalteco.

—Tengo que tocar el piano —dije dirigiéndome hacia él, manejando mi silla con mucho más facilidad.

Me troné los dedos hacia afuera y empecé a tocar *Hava Nagila*, la única pieza que medio me sé, aparte de la que sale en la película *Big* con Tom Hanks. ¿Quién no se sabe esa?

—Hava... nagila hava... nagila hava... nagila venismejá —cantó un viejito judío que recibía su terapia a la misma hora que yo.

Yo seguía feliz usando mis manos recién despiertas mientras más y más personas curiosas se acercaban al piano a ver que sucedía. El ambiente en ese salón estaba justo como lo que describe la letra de esta canción. Los que se la sabían se sumaban y los que no, aplaudían.

—Uuuuruuuu... uuruu aajím... uru ajím belév sameaj...

Justo cuando entró mi madre y le vi su cara de emoción confusa, desperté en mi habitación del *Jackson Memorial Hospital*. Sentí como cuando uno sueña que encuentra un tesoro y en el próximo segundo se despierta y ya no hay monedas de oro ni felicidad. Estaba bastante defraudado, acostado en mi cama recordando la fiesta de mi sueño adonde quería regresar. Han de haber sido por ahí de las seis de la mañana porque la luz ya se colaba por las persianas pero aún no se escuchaba mayor movimiento en los pasillos. Ya que no me logré volver a dormir, cerré mis ojos y aproveché ese tiempo para hacer mis ejercicios manuales mentales. Tenía unas ganas tremendas de que mi sueño se hiciera realidad.

—Abrilas... cerralas... abrilas —me dije a mí mismo en voz alta aprovechando la privacidad del momento.

Como he señalado antes, siempre tengo la sensación de que mis manos me están reaccionando pero cuando abro mis ojos y las miro, me desmiento. Esta vez mantuve mis ojos cerrados. Mis brazos estirados a mis costados fungiendo de túneles mensajeros.

—Cerralas… abrilas… cerralas —continué.

De pronto sentí un hormigueo en la parte exterior de mis muslos y tuve que separar mis párpados para descubrir la causa. ¡Eran mis dedos haciéndome cosquillas al abrir y cerrar mis manos! Se me abrió la boca, incrédulo. Doblé mis brazos para poder verlo y repetí el ejercicio tres veces más. No sé si estaba más emocionado por lograr mover mis dedos o porque mi sueño había tomado vida. Traté de ponerme de pie, por si acaso el milagro era aun más grande, pero mis piernas no se movieron ni un solo milímetro. Complacido de todas maneras, cogí el intercomunicador con mucho más facilidad y presioné el botón unas veinte veces.

—¿Qué pasa! —preguntó la enfermera de turno por la bocina.

—¡Vengan, vengan!

No terminé de hablar y ya estaban dos enfermeras en la puerta de mi habitación. Pensaron que era una emergencia.

—¿Qué te pasó mi amor? —me preguntó agitada la más llenita de ellas.

Planeé hacerles una broma y fingir un dolor en mi cuello.

—Ya no… aguanto… aquí… —les dije casi llorando, sin mover mis dedos para que no se dieran cuenta.

—Déjame ver mi vida —me dijo la otra en lo que se acercaban ambas.

—¡Miren! —les grité abriendo y cerrando mis manos cuando

ellas ya estaban muy cerca.

Saltaron del susto pero al ver lo que había logrado se quedaron inmóviles por un rato.

—¡No puede ser mi amor, has recuperado movilidad en tus manos!

—¡Esto es increíble! —exclamó la otra.

—¡Ahora ya me puedes apretar la mano así y podemos ser novios de verdad! —me dijo la gordita entrelazando nuestros dedos.

Siempre bromeaba conmigo y yo le seguía la corriente. Al apretar su mano noté que me hacía falta bastante fuerza, pero nada que una buena rehabilitación no pudiera arreglar. Le solté la mano y seguí moviendo mis dedos en todas las maneras posibles para asegurarme de que hubieran recuperado toda su funcionalidad. Me costó un poco mover las últimas falanges.

—¡Ya viste qué importante es tu terapia ocupacional! —me regañó una de ellas sabiendo que no me gustaba ir a mis sesiones. Me aburre de sobremanera mover canicas de un recipiente a otro.

—Ya sé, ya sé —le contesté dándole toda la razón.

Mi madre ya estaba por llegar al hospital, pues ella dormía a media hora de distancia en un apartamento que unos tíos míos afectuosamente le prestaron durante el mes y medio que yo estaría en mi rehabilitación. Sentía que en cualquier momento entraría a mi habitación para enseñarle mi gran logro. Justo vi cómo giró la manecilla de la puerta…

—Buenos días mi amor, ya es hora de arreglarte —dijo la enfermera abriendo las cortinas.

Yo siempre contesto los "buenos días" pero esta vez me quedé en silencio, estúpido, pensando en lo que acababa de suceder. ¡No podía creerlo!

—¿Qué quieres que te ponga hoy, guapo? —me preguntó arrebatándome las chamarras, revelando mi desnudez.

Obviamente, por aquello de las dudas probé a mover mis dedos, pero no logré nada más que asimilar lo que había pasado. Me había hecho una broma a mí mismo. Mi inconsciente decidió amanecer bastante simpático y utilizó mi propia imaginación para dejarme ofuscado.

—Oye, ¿por qué estás tan pensativo hoy? ¡Ya ni me hablas! ¿Me vas a cambiar por otra? —bromeó conmigo.

—¡Nunca! —contesté sonriendo—. Disculpa, estoy pensando en mi sueño.

—¿Qué soñaste?

—Que podía caminar y jugaba squash —le dije para evitar contarle la larga historia del sueño dentro del sueño.

—¡Está muy bien que estés soñando eso! Refleja tu actitud positiva y la fe que tienes.

No había soñado eso esta vez, pero lo que ella desconocía es que lo había soñado varias veces anteriormente. Este mismo y un montón de sueños más de este tipo, donde siempre aparezco caminando normalmente como si nada hubiera pasado. Muchísimos amigos y familiares me escriben o llaman para contarme que me sueñan caminando o dando los segundos primeros pasos. Yo desde mi primer sueño hasta la fecha me he soñado sin lesión medular. Inclusive en esos sueños raros en el intensivo a causa de la anestesia.

Siempre caminando normalmente. ¡Increíble esa concentración de tanta energía positiva!

—Puede ser ¿verdad?

—¡Por supuesto que sí! —gritó—. Bueno y dime que tú vas a querer ponerte. Ya te catetericé.

—Los pants blancos, por favor, con la camisa azul y verde.

A pesar de ese calor intenso de La Florida, no me gusta usar pantalonetas por la simple razón que detesto exhibir la bolsa de orina amarrada a mi pierna. Por más que vacían mi vejiga cada cuatro horas, unas semanas atrás comencé a orinarme encima sin darme cuenta. Empezó durante las noches ya que al estar acostado todos los líquidos que se acumulan en los pies y piernas durante el día regresan a mi vejiga, provocando que esta se llene y un reflejo expulse los excedentes. Me explicaron que se debe a que tengo una vejiga neurogénica espástica. Si fuera una vejiga flácida, sus músculos serían muy débiles para expulsar la orina, causando que se estire y que la orina se devuelva y llegue a los riñones, provocándoles una infección que puede ser mortal. Nunca pensé que sucedería, pero después de escuchar eso prefería orinarme encima.

Lo bueno es que después de un par de veces de quedar mojado y apestoso en la cama (solo así me daba cuenta que me había hecho porque no sentía ganas de orinar), logramos controlar la situación con un condón de silicón con un hoyo en la punta. Ahí se conecta una manguera plástica que termina desembocando en una bolsa de dos litros de capacidad, en la cual puedo mear muy tranquilo. Unos días después me oriné durante el día, sentado en mi silla de ruedas, así que acudimos al mismo mecanismo únicamente que con una manguera más corta y una bolsa con menor capacidad atada a mi pierna. He ahí por qué no uso shorts.

—¿Cuáles tenis? —me preguntó ya parada al lado del minúsculo clóset.

—Azules, por supuesto. No hay que perder el estilo.

Con el transcurso del tiempo empecé a sentir unas gustosas cosquillas en mis genitales antes de empezar a orinar. Es un tipo de alarma biológica avisándome que en los próximos segundos mi vejiga expulsará parte de su contenido. En ese momento puedo revisar que la manguera y la bolsa estén bien posicionadas para evitar un accidente. A veces la bolsa se corre hacia arriba y la manguera se dobla, obstruyendo el paso de la orina y ocasionando que el condón se infle como un globo con agua hasta que se zafa y me deja empapado. ¡Odio cuando ocurre eso!

—¡Listo, mi amor! —dijo halando las cintas del izquierdo—. Ahora solo te paso a la silla y a desayunar.

Más adelante descubrí que con darme unos ligeros golpes debajo de mi ombligo, me puedo provocar esas cosquillas y ganas de hacer pis. Al detectar esto decidí desafiar las instrucciones de mis médicos al ir disminuyendo las cateterizaciones diarias poco a poco hasta ya no hacerlo del todo. Los doctores y los foros aconsejan cateterizarme para vaciar completamente mi vejiga, ya que cuando orino a mi manera siempre dejo un residuo que puede convertirse en una mansión de lujo para las bacterias, ocasionándome una potente infección urinaria. La verdad es que yo dejé de tener infecciones urinarias el mismo día que decidí no meterme esos cuerpos extraños por mi uretra para cateterizarme. Es decir, siempre mantengo cierta infección pero evidentemente nos volvimos amigos y logramos convivir juntos. Las infecciones que contraje durante la época en que me cateterizaba eran realmente demoledoras. Eran buenas gangas porque incluían intensos escalofríos, insoportables dolores y fiebres muy fuertes... ¡todo por el mismo precio! Era de materia urgente tratar con antibiótico a estas desgraciadas porque realmente me hacían pedazos. Además, los antibióticos no solo costaban un ojo de la cara, sino que entre más los tomaba, menos opciones quedaban para la próxima infección ya que las condenadas bacterias se van volviendo inmunes a ellos. Mi sistema auto-prescrito me funciona de maravilla y no lo pienso cambiar. Si consideran que todo este rollo de la orina es un relajo, ¡no quieren saber qué pasa con las heces!

—Hoy hay panqueques. Sé que no te gustan mucho pero debes comer para aguantar tus terapias —me instruyó al entrar al comedor delante de mí.

No es que no me gusten. Simplemente no me emocionan. Afuera estaba nublado y lluvioso por lo que la iluminación en el comedor bastante gris. La rutina me había presentado a varios pacientes que ya comían en los mismos puestos de siempre. Yo me estacioné en el mío, en la misma mesa de mi amiga colombiana, en lo que la enfermera traía mi azafate.

—¿Cómo están los panqueques? —le pregunté.

—No sé. Seguro igual que la semana pasada —contestó dibujando en ellos con su tenedor.

—¿Me ayudas con esto, por favor?

Ella era parapléjica así que me ayudó a amarrarme una cinta en la palma de mi mano en la cual podía introducir una cuchara o tenedor para comer sin ayuda de nadie. Antes necesitaba que me dieran de comer, puro muchachito, pero ahora me alegraba mucho poder comer a mi propio ritmo, "yo solito", como dicen los niños cuando empiezan a buscar su independencia.

—Aquí está mi amor, buen provecho —dijo la enfermera dejándome mi comida ya partida, con miel de maple.

—Gracias, mi vida.

—¿Mi vida? —preguntó mi amiga cuando salió la enfermera.

—¿Celosa? —contesté sonriendo—. Mentiras, así bromeamos con ella. Bueno… ¡espero que ella también esté bromeando!

La colombiana seguía jugando con sus panqueques.

—¿Al fin vendrán con nosotros en la tarde? —le pregunté esperando una afirmación.

Desde que nos autorizaron y explicaron cómo tomar el *Metromover*[12], mi madre y yo nos escapamos las tardes que podemos y paseamos por la ciudad. Nuestro destino favorito es un centro comercial al aire libre donde nos gusta simplemente ver gente pasar mientras nos deleitamos con un delicioso *gelato*. Todavía sueño con el de amaretto con menta. También entramos mucho a los cines y en ocasiones vemos hasta dos películas seguidas aprovechando que a mí, por estar en silla de ruedas, no me cobran la entrada.

Solicité que le cambiaran la batería a mi silla porque estaba defectuosa y se agotaba muy rápido. El centro comercial está a unos quinientos metros de la estación más cercana y fue toda esa distancia la que mi madre y una amiga tuvieron que empujarme la última vez que fuimos. ¡Fue toda una odisea! Entre los nervios y el esfuerzo terminaron todas sudadas. Pero hoy ya tenía batería nueva para poder salir tranquilos.

—No creo que vayamos. No tengo ganas —dijo.

Se encontraba bastante decaída y le estaba costando mucho acoplarse al mundo de la paraplejia. Recién acababa de mudarse

---

[12] Un sistema de transporte en Miami.

a Miami para empezar una etapa nueva cuando fue su accidente automovilístico.

—¡Vengan, la vamos a pasar muy bien!

—No sé... Tal vez.

—Pasaremos por tu cuarto antes de irnos. Más vale que estés lista —le ordené con cariño.

Me sonrió y por fin comió un bocado. Yo ya tenía que irme a echar punta[13] así que utilicé mis dientes para quitarme la cinta de mi mano y me despedí de mi amiga y sus panqueques fríos. Ya era todo un experto para pasar con la silla por espacios estrechos así que me fui al gimnasio a toda velocidad. Cuando llegué había una fisioterapeuta con pinta de modelo que nunca había visto por ahí. Terminó de limpiar una colchoneta y al voltearse me descubrió saboreándome su culo. Disimulé un poco aunque no sirvió de nada. Me miró fijamente con una sonrisa muy sexy y me saludó moviendo su mano como las de Miss Universo.

—Ho... hola —tartamudeé.

—Estás muy guapo —dijo, y terminó de matarme—. Mucho gusto, me llamo Natasha —se presentó estrechándome la mano.

Subí mi mano hacia la suya para que ella me la apretara, como siempre hago en esas situaciones. Trato de usar el *tenodesis* para apretarlas lo mejor posible, pero la mayoría de las veces no funciona y termino incomodando a los dueños de las otras manos sin saber cómo reaccionar. Esta vez me sorprendí al ver cómo la cogí de bien y lo natural que sentí el apretón. Tanto, que juré que podía mover mis manos. Ya que tenía ocupada la derecha en el ademán, subí la

---

[13] Expresión que se usa cuando se debe trabajar con esfuerzo y dedicación.

izquierda para intentar empuñarla. ¡Lo logré sin ningún problema! La abrí y moví mis dedos como si estuviera tocando saxofón. Al ver esto me di cuenta que estaba soñando y decidí sacarle el jugo al primer sueño lúcido de mi vida.

Abriendo y cerrando mi mano para mantenerme consciente de que estaba en un mundo de mi subconsciente, me paré de mi silla, desnudé a Natasha de un empujón y sudamos la colchoneta que recién había limpiado.

ayuda

—Hola —me contestó después de unos segundos, sin la más mínima gana de hablar.

Se quitó uno de los audífonos con su hombro para escucharme mejor y noté que oía un rock bastante pesado, de esos que a mí al escucharlo me dan ganas de tirar una silla a través del cristal de una ventana. Su madre, angustiada como nunca antes en su vida, me había pedido que le hablara a su hijo cuando tuviera una oportunidad. Lo encontré en el porche, reclinado en una silla eléctrica casi igual a la mía. Me estacioné a su lado y recosté mi asiento al mismo ángulo que el suyo.

—Está muy cómoda esta posición —le dije—. Muy probable que me quede dormido.

Él prefería mantener los ojos cerrados para evitar ver la realidad. Según lo que me dijo su madre, quería abrirlos hasta que pudiera caminar de nuevo. Siempre portaba una gorra anaranjada de los *Miami Dolphins*, mi equipo favorito.

—Ojalá le ganemos a los *Bills* el domingo —comenté para romper el hielo.

—Así como están jugando no creo que ganemos —contestó con voz muy queda.

Habían ganado dos juegos y perdido cuatro, pero faltaban diez y tenía un presentimiento que sería una buena temporada.

—¡Verás que sí! —le dije, intentando contagiarle un poco de optimismo—. A lo mejor vemos juntos el juego en el salón de televisión. Yo llevo las cervezas.

—¿Se puede tomar allí?

—Buen punto. Voy a averiguar.

Aunque no fuera permitido decidí que me arriesgaría a cualquier repercusión con tal que Robbie se tome un par de tragos. O a lo mejor e íbamos a verlo a algún restaurante para cambiar de ambiente y matar más pájaros de un mismo tiro. Yo estaba muy contento de encontrar un tema en común y poder platicar con él un rato. Robbie llegó al hospital dos semanas después que yo. Se mantenía escuchando música y no hablaba con nadie. Estaba sufriendo mucho, y sus padres más que él.

El cielo se empezó a nublar un poco y a lo lejos sonaron un par de truenos. Pasaba mucha gente caminando frente al porche y algunos nos saludaban con cara de ternura, como si fuéramos bebés detrás de la vitrina del área de maternidad. También pasaban muchos carros de los cuales tres de cada cinco eran último modelo. Solo en Miami se puede ver un Lamborghini, un Maserati y dos Ferraris en cuestión de veinte minutos.

—No soy muy fan de carros, pero ¡qué carrazo! —grité

cuando pasó el Diablo amarillo, con la esperanza que Robbie abriera sus ojos.

A través de sus gafas logré ver que abrió un poco el ojo izquierdo, pero no dijo nada.

—¿Te gusta el otro futbol? ¿El soccer? —le pregunté para mejor seguir con el tema deportivo.

—No mucho, la verdad. No lo veo y solo me entero de lo que dicen en *Sportscenter*.

—¡El mejor show del planeta! —exclamé emocionado.

—Sin duda —dijo con media sonrisa—. Pero últimamente no lo veo mucho.

—Yo me distraigo un montón con eso —le dije—. Hay que tratar de estar lo más ocupado que se pueda. Esto que estamos pasando no es nada fácil.

—Dímelo a mí —dijo con la voz cortada.

—Te voy a llevar a tu habitación un DVD que me ayudó mucho. Espero que a ti también.

En los días después de mi accidente mis seres queridos me llevaron al hospital todo tipo de cosas para entretenerme, lo que me sirvió de mucho consuelo. Me prestaron un reproductor de DVD y varias docenas de películas de las cuales la mitad eran animadas; muestra de lo tanto que me conocen. Un par de amigos *hackers* inclusive me consiguieron tres de esas que aún no se habían estrenado en los cines. Entre todas esas películas me dieron cinco copias de *El Secreto*, un documental que tenía que compartir con Robbie.

—Está bien, gracias —dijo sin mayor interés y después de una buena pausa, agregó—: Oye, ¿cómo fue tu accidente? Si no te molesta hablar de eso.

—Para nada.

Enseguida le conté lo que pasó ese misterioso día en la piscina. Sus ojos, abiertos y atentos.

—¡Qué raro que no tenías ningún golpe! —exclamó—. Increíble como da vuelta la vida en un segundo.

Nos quedamos un buen rato en silencio, cada quién pensando en su situación individual que, al mismo tiempo, nos conectaban.

—¿Y el tuyo, te molesta compartirlo?

Echó un suspiro que me hizo arrepentirme de mi pregunta. Justo cuando quise mencionar cualquier noticia sobre béisbol para cambiar de tema, se desahogó.

—Estábamos hace cuatro meses tomando unas cervezas en un porche parecido a este, en la casa de uno de mis mejores amigos. Éramos cómo veinte amigos, algunas chicas, pasándola demasiado rico. Un amigo estaba estrenando unas tornamesas y lo hacía muy bien —relató antes de hacer una pausa—. De repente escuchamos unos rechinidos de llantas muy escandalosos y pasó muy rápido un carro negro frente a la casa, con un hijo de puta disparando una pistola hacia nosotros desde el asiento trasero. Todos buscamos cubierta pero el cabrón logró matar a una chica y darme un balazo en el cuello que me dejó así.

Se me puso la piel de gallina y no supe qué decir. Noté que Robbie retenía mucha furia por la manera que su voz escalaba al contarme esta tragedia.

—No sabes cuánto lo siento, amigo —dije queriéndole dar un abrazo.

—Se cree que la chica que mataron estaba saliendo con un pendejo que fue el que la mandó a matar, supuestamente porque lo había dejado y ahora salía con uno de mis amigos. Pero yo me llevé mucha parte del pastel.

—¡Qué grueso[14], no puedo creerlo! —protesté—. Pero al menos estás vivo, Robbie.

—A veces desearía no estarlo —contestó, áspero.

Tronó fuertemente y comenzó a llover muy recio. Sentí lo mismo muy dentro de mí, después de escuchar la historia de Robbie. Reflexioné que a lo mejor la razón por la que yo estaba así de tranquilo y positivo era porque en mi accidente no hubo ningún responsable más que yo. No tenía a nadie a quién culpar más que a mí mismo y eso me hacía ver las cosas de otra manera. En cambio, en el caso de Robbie hubo una tercera persona que le causó ese daño y el rencor tan ardoroso contra alguien le provocaba más dolor. Igualmente en el caso de mi amiga colombiana, donde hubo una persona ajena que los chocó y la dejó parapléjica.

—No puedes pensar así, mi amigo. Por alguna razón aún estás aquí y, aunque ahora sea extremadamente difícil y enfadoso, algún día la encontrarás. Que no te quepa duda de eso.

Suspiró de nuevo y volteó su cabeza hacia el otro lado. Ni él ni yo lagrimeamos pero ambos llorábamos por dentro. La lluvia caía

---

[14] Expresión que se usa cuando algo es muy impresionante.

cada vez más fuerte, espantando a la gente que hace un rato pasaba enfrente. Indeliberadamente se aproximó una SUV gris con vidrios polarizados y paró justamente frente a nuestro porche. Un sujeto con un pasamontañas salió de una de las ventanas traseras y apoyó una ametralladora gigante en el techo. Al ver esto en cámara lenta, Robbie y yo nos tiramos de las sillas al piso de madera vieja y nos cubrimos las cabezas. Nomás nos pusimos en posición, sonó como cuando llega la media noche cada veinticuatro de diciembre en Guatemala, solo que por menos tiempo y con mucho más violencia.

—¿Estás bien Robbie? —pregunté sumamente alterado.

—¡¿Qué es esta mierda?! —gritó él como desquiciado.

Cuando escuchamos que cesó la tronazón, nos paramos de inmediato y corrimos hacia adentro lo más veloz posible, alarmando a los que se cruzaban en el camino. Todos nos miraban como si fuéramos un par de dementes y se burlaban de nosotros. Me volteé para ver hacia afuera y no encontré ninguna SUV gris, ni ningún loco con ametralladora, ni ninguna lluvia. Era un día azul y soleado con mucha gente caminando frente al porche. Allí estaba Robbie reclinado en su silla escuchando rock pesado.

—…ito, papito… ¡papito! —me despertó mi madre—. Ya va siendo hora de pasarte a la silla de baño.
Me habían puesto el supositorio de bisacodilo hace un poco menos de una hora y yo me había quedado dormido sobre mi lado izquierdo esperando que el laxante hiciera efecto. Con tanto relajante muscular para los espasmos me mantengo con sueño todo el día y me duermo siempre que me acuesto en algún lado. ¡A veces inclusive babeo la colchoneta de la fisioterapia!

—Qué sueño el que me cargo.

—Después de tu baño quedarás aun más relajado y dormirás

de corrido hasta mañana.

—Yo creo que sí —contesté tragándomela con un bostezo.

—Te cuento que me encontré a la Dra. Levy cuando se estaba yendo a casa. Platicamos un buen rato en el pasillo y me dijo que ya se convenció de lo bien que está tu estado emocional.

En los primeros días de haber arribado al *Jackson Memorial Hospital*, la Dra. Levy tocó mi puerta y me hizo unos exámenes psicológicos obligatorios para evaluar cómo estaba afrontando mi situación. Yo fui muy honesto con ella y le dije exactamente lo que pensaba, pero ella no podía creer que yo no quisiera ni necesitara de su ayuda. Después de la sesión personal, le preguntó a mis padres en la sesión familiar si yo realmente me encontraba así o si le estaba escondiendo algo.

—¿Ah sí? ¿Y por qué hasta ahora? —pregunté muy curioso.

—Me dijo que cuando alguien está dispuesto a ayudar a otra persona es porque primero ya ha aceptado por completo su nuevo curso y ha "enterrado" su pasado. Dijo que una persona que presta ayuda generalmente no la necesita.

—Pues qué bueno que ya me crea —dije—. La verdad es que he tomado todo esto muy bien y lo único que me ha costado mucho es lo que les escribí en el email que les envié.

Unas noches atrás, me había costado conciliar el sueño después de la cateterizada de las cuatro de la mañana y me quedé dando vueltas en la cama, reflexionando. Después de unos minutos se me inundaron los ojos, y lloré por primera vez desde que ocurrió mi accidente. Lloré desconsoladamente como un bebé, no por mí ni lo que me pasó (eso lo acepté sorprendente y rápidamente), sino por algo que me preocupó mucho desde un principio. Me incomodaba a más no poder el hecho que mi accidente también había cambiado drásticamente la vida de mis padres y mis hermanos. ¡No era justo para ellos!, pensaba yo, y me sentía culpable por eso. Sentí más que nunca la necesidad de desahogarme, así que llamé a la enfermera y le pedí que me encendiera mi computadora. Me preguntó si todo estaba bien y le dije que sí. Cuando se fue, activé el programa de reconocimiento de voz y narré unas líneas que salieron desde lo más profundo de mi corazón.

—Yo sé mi vida, yo sé —dijo mi madre a punto de llorar.

El día después de enviar ese correo familiar, volví a llorar cinco veces más con cada respuesta que recibí. ¡Fue una experiencia deliciosa!

aplausos

—Joven, ¿y qué le pasó, pues? —preguntó el cuida-carros mientras mi padre y mi hermano me sacaban del carro para colocarme en la silla.

Solía pedirle que me lavara mi carro para darle unos pesitos extra. Él siempre estaba contento, transmitiendo vibras positivas a pesar de luchar todos los días para apenas poder darles de comer a sus ocho hijos.

—Tuve un accidente hace unos meses —le dije.

—¡Ay Dios mío! Ya decía yo por qué no lo había visto por aquí. Pero, ¡se le ve bien! Primero Dios ya va a regresar a echar canastas como antes —me alentó, siempre optimista.

—Primero Dios —contesté sin explicarle la realidad del asunto, pues prefería verlo todo con su perspectiva—. ¿Bien lavado?

—¡Como siempre! Me extraña araña[15] —contestó llenando la cubeta con agua limpia.

—Bueno, me voy a adelantar porque ya han de estar calentando —dijo mi hermano empezando a correr.

Mi equipo de baloncesto estaba por disputar la semifinal del torneo que empezó un mes antes de quedarme sin poder jugar. El último juego, antes de mi accidente, metí veintidós puntos incluyendo la canasta ganadora segundos antes que expirara el tiempo. Tenía muy buenos recuerdos de este gimnasio y estaba muy contento por volver, aunque también un poco triste por solo ser espectador. Hacer deporte es lo que más extraño.

—¿Contra quién juegan hoy? —preguntó mi padre empujándome por el pasillo.

—Contra nuestros meros rivales. Siempre nos damos duro con ellos y nos pasamos golpeando durante todo el partido.

—Le vas a hacer falta a tu equipo —dijo mi padre, del corazón.

—No tanto como a mí me hace falta el juego —contesté, un tanto sentimental.

—Algún día volverás. ¡Ya verás!

Si no fuera por las novias y los pocos familiares de algunos de los jugadores, el graderío del gimnasio hubiera estado completamente vacío. Los árbitros bromeaban entre si a un lado de la cancha en lo que ambos equipos practicaban sus tiros libres. Una niña lloraba al no ser tomada en cuenta por sus hermanos, quienes

[15] "Araña" se usa solo porque rima con "me extraña".

jugaban una mezcla de baloncesto y rugby en una de las canchas laterales. Sentí escalofríos. Mis piernas me picaban por levantarme e ir a calentar con mis compañeros.

—¡Qué ganas! —exclamé.

Todos se fueron dando cuenta, en efecto dominó, de mi entrada al gimnasio. Hicieron una pequeña pausa, los que aún no estaban se pusieron de pie, voltearon hacia mí y comenzaron a aplaudir. La niña, inclusive, dejó de llorar. No fue un premio como el Balón de Oro pero para mí fue mucho más valioso que eso. Fue un momento inesperado que nunca olvidaré, pues quedé completamente conmovido.

—¡Qué honor tenerte aquí, hermano! —me dijo un compañero acompañado de un abrazo sudado.

—Gracias Bala, ¡con todo hoy!

—Por vos, hermano —y me guiñó el ojo.

No solo mi entrenador y compañeros de equipo, sino también varios de nuestros contrincantes y hasta uno de los árbitros se acercaron a mí, dejándome una colección de abrazos y comentarios alentadores, incluyendo muestras de diferentes sudores por toda mi cara y camisa. Me sentí como Michael Jordan visitando el United Center en Chicago después de retirarse.

Mi padre me dejó instalado junto al banquillo de mi equipo y se sentó unas filas detrás de mí en el graderío. El juego estaba a punto de empezar.

—Te extrañamos, *men* —me dijo muy feliz un compañero de equipo sentado a mi lado.

—Yo también, cabrón —contesté—. A ustedes y al juego.

—¿Y no has pensado, tal vez, jugar básquet en silla de ruedas?

—¡Me encantaría! El problema es que también perdí la función de mis manos y tríceps así que no creo que podría.

—Ya veo —dijo tratando de esconder su lástima lo mejor posible—. Bueno, tal vez más adelante… ¡o algún otro deporte!

El juego estaba muy reñido y bastante físico, como suelen ser siempre contra este equipo. Mi hermano recibió un pase dentro del área y aprovechó su colosal tamaño para clavarla con potencia, produciendo un momento triunfal para nuestro equipo, aunque fuéramos perdiendo por cuatro.

—¡En tu cara! —grité emocionado junto a todos mis compañeros—. Sí, a lo mejor en un tiempo. Por el momento tengo que hacer mucha terapia física para ir ganando fuerza.

—¡Buenísimo! ¿Y ya empezaste?

—Por supuesto. Estoy dándole dos horas al día de lunes a viernes.

—¿En serio? ¡Es un montón!

—Sí, la verdad, me sacan el jugo.

Uno de mis amigos penetró hacia la canasta con el balón y durante los dos pasos permitidos sin rebotarlo, fingió un pase por detrás de su espalda a mi hermano pero en lugar de pasársela, la jaló de regreso y anotó. Confundió no solo al defensa sino también a mi hermano. Mi amigo me volteó a ver y me señaló, dedicándome la canasta, ya que era una jugada que yo hacía mucho. Lo señalé de regreso como mejor pude, en agradecimiento.

—¡Qué buena la hizo! —exclamó el compañero con el que platicaba—. Pero, ¿te gusta ir a tu terapia?

—La verdad es que nunca me gustó ir al gimnasio a levantar pesas ni ese tipo de ejercicios —expliqué—. Siempre fui más de hacer algún deporte para mantenerme en forma. Pero sí, me gusta ir a mi terapia. Obviamente hay mañanas que tengo demasiada pereza de ir, pero ya estando en el gimnasio se me quita.

—¡Pues que bueno, *men*! Seguí para adelante, porque para atrás ni para agarrar impulso.

No era la primera vez que escuchaba eso, pero siempre que lo oigo me hace mucha gracia y sentido. El segundo cuarto estaba por finalizar e íbamos perdiendo por seis. Mi equipo estaba jugando muy bien, pero los rivales la movían más y tenían mejor condición física. Además, la noche anterior hubo una fiesta que hoy tenía a algunos de mis compañeros tomando más Gatorade y sudando más de la cuenta.

—¡Tenenbaum! —gritó furioso el entrenador—. ¡Entrá por Fernández!

Me quité mi sudadera, me puse de pie, doblé mi silla para guardarla debajo de la banca y le pedí mi cambio al oficial.

—¡Vamos con todo Tenenbaum!

sótano

Entramos al ascensor muy satisfechos y contentos. El restaurante japonés que escogió mi hermano para celebrar su cumpleaños estuvo exquisito, no tan costoso y con impecable servicio. Nos sentíamos invitados a regresar muy pronto.

—La próxima vez pedimos todos el platillo que ordenó mama —dije—. ¡Casi la dejamos sin comer!

—No importa, yo comí re bien —contestó, siempre tan bondadosa—. ¡De veras que estaba delicioso!

—El sake tam... —dijo con hipo el cumpleañero— ...bién estaba bueno.

—¡Ya nos dimos cuenta! —exclamé, y todos soltamos una carcajada.

De repente, cuando íbamos por el segundo nivel, el ascensor se detuvo bruscamente y se apagaran las luces. Nos quedamos en silencio por un rato, esperando que todo regresara a la normalidad, pero solo se encendió un número dos rojo fosforescente en la esquina superior derecha. Antes que cualquiera pudiera decir algo, la gravedad nos dio un gran susto y empezamos a caer libremente.

—¡Aaaaaaah! —gritamos todos juntos.

El indicador del nivel se volvió loco y cambiaba rápidamente sin parar. De sopetón, el ascensor se atrancó en el sótano diecisiete.

—Disculpe, pero tiene una llamada —dijo Julis cubriendo el micrófono del teléfono con la palma de su mano—. Dice que es de larga distancia.

Julis, como le decimos de cariño a Julia, empezó a trabajar hace trece años con mi familia y ya es prácticamente parte de ella. A pesar que vive la mayoría del tiempo con nosotros, siempre está muy pendiente de su propia familia, de la cual es el pilar.

Me había quedado dormido recostado sobre mis brazos, sobre mi escritorio, "en reposo", tal y como nos situaban las maestras del colegio cuando se les acababa el material y querían matar tiempo. El cansancio y las pastillas anti-espasmos me habían vencido. ¿Sótano diecisiete?, pensé.

—Por favor, dígale que no estoy. Que estoy donde mis abuelos —le indiqué, deseando que no iniciara la oración con "dice que...".

Ya eran varios días que no atendía llamadas ni aceptaba visitas. Anteriormente mi apartamento se mantenía lleno de gente linda que siempre está pendiente de mí. No pasaba un día sin que viniera mínimo un amigo o familiar a verme. A veces se juntaban hasta más de veinte y se armaba un alboroto extremadamente alegre. Pero las cosas habían cambiado y ya no sentía ganas de ver ni hablar con nadie. Esto era muy raro porque siempre he sido muy sociable. Especialmente después del accidente, que lo menos que puedo hacer es corresponder a tanto cariño y atención que recibo. Pero eso se había apagado.

—Era Patty. Le dejó un fuerte abrazo y dijo que lo extraña mucho. Que lo llamará en unas semanas cuando regrese de su luna de miel.

Una de mis mejores amigas que se casó en el exterior tres días atrás y yo solo pude escribirle un mensaje por Facebook felicitándola. Cuando le escribí me di cuenta que se me habían acumulado más de sesenta notificaciones y alrededor de quince mensajes que no había contestado, ya que ni siquiera por las redes sociales sentía ganas de interactuar. Me arrepentí de inmediato por no hacer el intento y platicar con Patty un rato, pero tenía miedo que en mi tono de voz notara lo que estaba sintiendo. No se lo quería contagiar, especialmente en este momento de su vida, tan opuesto al mío.

—Gracias Julis —dije. Por cubrirme, pensé.

—¿No quiere un su cafecito con una su champurrada? —me ofreció, angustiada de verme así.

—No, muchas gracias. A lo mejor más tarde.

¿Quién rechaza un café con champurrada? ¡Obviamente algo estaba muy mal conmigo!

—Si me llama alguien más dígale que yo después le devuelvo la llamada, ¿sí? —le pedí, sabiendo que nunca los llamaría de vuelta.

—Está bien. Si se le ofrece algo me llama.

—Muchas gracias Julis.

Siempre me ha gustado hacerla reír, por lo menos una vez al día, no porque yo sea tan chistoso, sino porque ella se ríe con tanta facilidad que me hace sentir como un gran comediante. Últimamente le estaba fallando en ese departamento. Cuando fue mi accidente, Julis lloraba día y noche. Siendo una persona extremadamente creyente, se cuestionaba por qué me había sucedido eso a mí. Un día me dijo, al igual que muchas otras personas, que mi actitud tan positiva la había ayudado a ser una persona más fuerte y cambiar de postura, no solo respecto a mí, sino hacia la vida en sí. Pasé mucho tiempo con la frente en alto, sorprendiendo e inspirando a toda la gente a mi alrededor, pero bien dicen que lo que sube tarde o temprano debe caer. Pues yo estaba cayendo muy bajo. Sabía que a Julis le dolía mucho verme así y eran momentos en los que ella más necesitaba una buena risa. Pero para hacer reír a otros, uno debe reír primero.

—¿Te sentís bien, Gordo? —me preguntó mi padre muy preocupado al entrar del trabajo.

Al principio no tenía idea de qué me sucedía, ya que toda mi vida estuve alejado de semejantes síntomas – taquicardia, dificultad para respirar, temblores y miedo de salir de mi casa. Pero al buscar en Internet confirmé que la causa de mi sufrimiento eran ataques de ansiedad. Ya llevaba una semana con estos horripilantes episodios de pánico que me atacaban diaria e inesperadamente. Sentía la fastidiosa necesidad de hacer algo, de moverme, de hacer cualquier cosa que me ayudara a que estos molestos síntomas se fueran. Con todo y mi poca movilidad, no me quedaba quieto un solo segundo, meciéndome en mi silla hacia adelante y hacia atrás.

—No papa, otro ataque —contesté con dificultad.

—Tranquilo, tranquilo. ¿Querés salir al jardín un rato? —

sugirió—. Para tomar un poco de aire.

—No —dije en pleno momento de afección—. No gracias.

—¿Qué pasa? —preguntó mi madre, quién nos escuchó desde la cocina—. ¡Ay no! Vení, bajemos un rato. Te va a caer bien.

Puse cara de repulsión, pero de igual manera me empujaron con todo y silla hacia el elevador. Miré a mis padres por el espejo y, con la expresión de exasperación en mi cara, les pedí socorro.

—¡Qué horrible esto, no tienen idea! —dije.

—Ya te va a pasar, Gordo. Aquí estamos nosotros —dijo mi padre sentado frente a mí en una banca del jardín.

Mis abuelos residen en este mismo edificio desde mucho antes que nosotros y a mí, desde niño que los visitaba, siempre me ha fascinado este jardín. Me hace sentir que estoy en un mundo creado por el propio Dr. Seuss, con árboles de varios tamaños y diferentes tonos de verde, podados finamente para formar distintas figuras. Aunque esta vez no me fascinó tanto como de costumbre, de igual manera me ayudó a relajarme un poco.

—A ti lo que te caería súper bien es salir más del apartamento —opinó mi madre rascándome el cuero cabelludo, sabiendo lo tanto que me gusta.

Anteriormente, para poder salir requería de la ayuda de dos fortachones para cargarme al asiento del copiloto. Entre el espacio reducido y mis doscientas veintidós libras, esta tarea no solo era bastante agobiante, sino que también les obsequió algunas hernias a un par de mis hermanos. A raíz de esto, mis padres hicieron el gran esfuerzo de comprar una minivan usada donde me meterían con todo y silla de ruedas para evitar cargarme. Según el plan, le extrajimos los asientos traseros y me metieron por el baúl utilizando una rampa desmontable que habíamos conseguido. Ahí nos dimos cuenta que desgraciadamente los cálculos y mediciones que habíamos hecho nos traicionaron. Para que no topara mi cabeza con el techo del carro, era necesario reclinar el respaldo de mi silla de ruedas hasta quedar casi en posición horizontal. Todo resultó muy incómodo y peligroso, así que con tiempo perdido y parte del dinero malgastado, cambiamos la minivan por otra más grande, donde a pesar que quepo mejor, igual me veo obligado a inclinar un poco hacia atrás el respaldo de mi silla. Ya en posición, fijan mi silla a los asientos del carro con dos cinchos de amarre y con un tercero improvisamos un cinturón de seguridad, que no creo que me resguarde mayor cosa a la hora de una colisión, pero peor es nada.

Así que salir ya era mucho más sencillo pero yo, por la depresión en la que estaba, lo veía complicado. Todo lo veía complicado. Además, estaba teniendo muchos problemas con mi método para orinar y los condones que uso se me desprendían casi a diario, mojando y apestando mi ropa, mi cuerpo y mi silla de ruedas. ¿Cómo chingados voy a ir a algún lado exponiéndome a que suceda esto?, pensaba.

—¿No te gustaría sacar una maestría? —me preguntó mi padre—. Ahora la podés sacar por el Internet.

—¡Eso sería brutal! —agregó mi madre—. Así estarías muy entretenido, ocupando todo ese tiempo en algo productivo. Pero más importante para estar ocupado.

Permanecí en silencio, pensando, mientras el ataque de ansiedad afortunadamente ya iba en descenso. Años atrás tuve la descomunal oportunidad de estudiar en una paradisíaca ciudad llamada Boulder. Es una de las ciudades más bellas que he conocido en mi vida, con sus imponentes montañas rocosas en uno de sus costados. Verla cubierta de nieve debajo de ese cielo azul y soleado quedará grabado en mi mente para siempre. Viví ahí durante cuatro años, mientras sacaba mi carrera de mercadotecnia en la Universidad de Colorado. Por más que disfruté esa experiencia a más no poder, decidí el día de mi graduación no estudiar un postgrado y conseguir un buen trabajo para aplicar lo que aprendí y poder empezar a producir. Quiera que no, uno aprende mucho más sobre el mundo real en su primera semana de trabajo que durante toda su carrera leyendo libros y tomando exámenes.

Además sentí que, a raíz del accidente, mi nivel de concentración y retención de información había disminuido por montón. No porque la lesión me haya afectado el cerebro, gracias a Dios, sino porque quizás inconscientemente tenía otras preocupaciones y pensamientos en mi mente que no me permitían enfocarme como antes. Estudiar en estas condiciones se me hacía demasiado complicado.

—La verdad... prefiero trabajar —dije, pensando en hacer dinero en vez de gastar más.

Siempre he estado muy consciente de los gastos extras que implica mi accidente y me revienta saber que mis padres tengan que incurrir en ellos. Ya estábamos en una situación económica bastante difícil desde antes y esta adversidad solo la vino a agravar. Por dicha y cosas del destino, uno de mis tíos le preguntó a mi padre si tenía seguro médico y al escuchar que en ese momento no contábamos con uno, nos ofreció un plan empresarial accesible que aprovechaban él y sus empleados. Mi padre tomó la propuesta y ¡cuatro meses después fue mi accidente! No quiero ni pensar qué hubiera pasado sin ese seguro médico, se me pone la piel de gallina. Pero a pesar que nos ha ayudado significantemente con los gastos relacionados, igual nos toca desembolsar la diferencia de los deducibles que, entre mis medicamentos, materiales, equipo, fisioterapia y asistencia personal, ¡suma una buena cantidad de dinero!

Me tenía muy inquieto este tema y quería cooperar con lo que pudiera. Por eso, ahora más que nunca, sostengo mi rechazo hacia los libros y prefiero conseguir una fuente de ingresos. Entiendo que tener un trabajo convencional se me hace prácticamente imposible, empezando por la dificultad de cumplir con un horario y no digamos mi dependencia en otras personas para ayudarme a hacer casi todo. Considero que paso a perjudicar más que a aportar en cualquier empresa que me contrate. Debía buscar una solución y estos ataques de ansiedad no estaban colaborando.

—Ya veré en qué ocupo mi tiempo —agregué, sabiendo que eso era gran parte de mi dilema.

—Está muy bien —dijo mi padre—. Día a día.

—¿Cómo te sentís? —preguntó mi madre.

—Ya mejor —contesté—. Ya pasó.

—Me alegro —dijo ella—. Mi amor, ¿te gustaría hablar con un psicólogo? Quizás por fin llegó el momento y necesitás hablar con alguien para desahogarte.

—Con nosotros sabés que podés hablar y siempre estaremos contigo para lo que sea —sumó mi padre—, pero tal vez necesitás ayuda profesional.

—No sé la verdad, voy a ver.

—Solo quiero que sepás que está disponible esa opción, para cuando estés listo —dijo mi madre con ganas de que tomara su consejo.

—Yo sé, gracias. Voy a ver —repetí.

—Bueno, subamos porque ya está oscureciendo —dijo mi padre apagando su cigarro.

Casi me da otro ataque de ansiedad, pues me ponía muy mal cuando empezaba a oscurecer, solo de pensar en lo que me tocaría revivir unas horas más tarde. Las últimas noches las había pasado en vela, con temor de quedarme dormido a causa de las pesadillas que tenía, y aterrorizado de lo que pasaba por mi mente estando despierto, que era aun peor que las pesadillas. Era un oscuro ciclo vicioso que me consumía progresivamente.

—Sí, vamos porque hoy te toca tu rutina de baño —me recordó mi madre.

Por más cochino que suene, no estaba nada contento con la idea de bañarme. Debía hacerlo cada dos días, tal y como me instruyeron en Miami, no tanto por asearme, sino más importante aun, para vaciar "el tanque". El procedimiento entero dura un mínimo de dos horas, si todo sale bien, literalmente, y solo pensaba en el frío que iría a pasar todo ese tiempo, desnudo con el pelo mojado sobre mi silla de baño. Era la época más fría del año y aunque en Guatemala afortunadamente no sufrimos de temperaturas tan bajas, mi apartamento parece estar localizado en Moscú o Groenlandia. Puede ser un día soleado y caluroso, pero al entrar a mi apartamento siempre es necesario ponerse un suéter, ya que aparte que recibe mucho viento congelado del norte y está en un décimo nivel, nunca le pega el sol directamente a las ventanas.

Toda mi vida he preferido el clima frío sobre el cálido. Considero que el frío se puede controlar fácilmente poniéndose encima varias capas de ropa hasta estar a gusto, pero el calor llega a un punto que la única manera de calmarlo es con aire acondicionado o dentro de una piscina. Para estar en la playa suena muy bien, pero aguantarlo un día normal de trabajo puede ser de lo más molesto que existe. Ahora, mi preferencia climática era al revés por dos razones:

Primero, mi receptividad hacia la temperatura se vio afectada por la lesión y siento menos calor de lo que realmente hace. Y segundo, la más importante, el frío me causa un insoportable dolor en la nuca. Es un dolor como de tensión parecido a un apretón de un gigante utilizando todas sus fuerzas. ¡Ese dolor automáticamente me pone de mal humor! Lo percibo porque la placa de titanio dentro de mi cuello se enfría demasiado y me congela hasta los huesos. Debo mantenerme siempre bien cubierto, con todo y bufanda, porque una vez me empieza a doler, cuesta mucho que se me quite. Lo único que me lo alivia un poco es el calor y por eso mi mejor amigo en esos momentos es una bolsa con semillas que se calienta en el microondas y me colocan sobre mi nuca. Vale la pena enrojecerse la piel y quedar oliendo a palomitas de maíz.

*   *   *   *   *

—Regreso en veinticinco —me dijo Donato—. Voy a ir a desayunar.

—Dale. Buen provecho.

Donato acababa de empezar a trabajar para asistirme en mi día a día y me dejó en el área de la piscina, frente a ese jardín fumado, para tomar un poco de sol y calmar mi ansiedad. El cielo estaba un poco nublado pero los rayos de sol aún me dosificaban con su vitamina D. Una manguera roja se movía como serpiente marina en el fondo de la piscina, reponiéndole el agua que había perdido durante los últimos días.

Mi desasosiego aumentaba gradualmente observando esa piscina. Muchas veces estuve al lado, inclusive dentro de esa misma y muchas otras piscinas más, y nunca me sentí afectado. Ni siquiera la primera vez que me metí a una después de mi accidente. ¡Ni siquiera en el reencuentro con la misma piscina donde fue mi accidente! Ese día me metí a flotar de lo más tranquilo y fueron mis amigos los que estaban preocupados de lo que podía pasar y cómo iría a reaccionar. Mi accidente no me había causado ninguna fobia al agua, pero ahora sí sentía mucho miedo. Mi corazón se me salía del pecho. Estaba a punto de ejecutar lo que había planeado desde hace unos días.

Un gran amigo y su padre diseñaron unas esferas de plástico duro que colocaron esparcidamente en la circunferencia de ambas ruedas de mi silla para que yo pudiera empujarlas con mis manos y hacer que mi silla se mueva, sin necesidad de ayuda. Se me hace bastante difícil pero me gusta avanzar solo y sentir un poco más de independencia. Me imagino que se nota mi gran esfuerzo porque mucha gente, al verme recorriendo a paso de caracol, siempre me echa la mano y me empujan. Me da pena pero la mayoría de las veces, cuando no son distancias muy largas, rechazo la ayuda, ya que me cae muy bien practicar esta destreza y al mismo tiempo ejercitarme. Y así iba avanzando, lentamente, pero esta vez aun más lento de lo normal, ya que el piso de piedra desnivelada me lo complicaba. No es como que quisiera ayuda, pero esta vez no había nadie cerca.

Con las llantas delanteras al borde de la piscina observé ese extraño jardín una vez más. Me pareció feo y simple, hasta ridículo. Traté de mover mis piernas y al no lograrlo, las insulté mentalmente. Nunca imaginé que estos pensamientos se atravesarían por mi cabeza, pero estaba convencido que esta era la única solución. A pesar de esa lóbrega claridad ante la situación, nunca en mi vida había sentido tanto temor. Los nervios y la nausea competían dentro de mí.

Antes de que regresara Donato o se asomara alguien más a estropearme el plan, impulsé una de las esferas de cada llanta de mi silla de ruedas y automáticamente caí al agua de panzazo. Vi cómo la silla descendió lentamente y quedó parada en el piso cuadriculado de azulejo. La serpiente de plástico inquieta rozaba sus llantas. Cerré mis ojos y esperé a que se me extinguiera el aire de los pulmones. Sobre ese enorme lienzo negro dibujé un retrato de mi familia, todos muy felices y sonrientes, como generalmente vivimos cada día juntos. Apreté los párpados un poco más duro y vi cómo a mis padres y hermanos se les descomponía su expresión y físico cuando desaparecí yo del marco. Me arrepentí inmediatamente y empecé a agitar los brazos lo más fuerte que pude para voltearme. No lo estaba logrando y el pánico me consumía el oxígeno a mayor velocidad. Seguí intentándolo desesperadamente pero no lograba sacar mi cara a la superficie. ¡No podía permitir que ese retrato se hiciera realidad! La falta de aire y el exceso de miedo me complicaban la hazaña. Empecé a sentirme muy débil y como si me explotaría la cabeza en cualquier instante. Vi todo negro por unos segundos y después vi todo blanco, luminoso. Es cierto lo que dicen, pensé, "la luz al final del túnel". Me sentí totalmente relajado, lo que me incomodó. De repente empecé a levitar, despacio, saliendo de mi cuerpo que quedó flotando en la piscina, estático.

Me desperté asfixiado, inhalando con fuerza bocanadas de aire, como si no hubiera respirado por varios minutos. Los numerales verdes en la oscuridad marcaban las diez con tres minutos. Hacía apenas diecisiete minutos que terminé mi rutina de baño e hice mis respiraciones, unos ejercicios de relajación que mi madre me recetó antes de dormir. Será otra de esas largas noches, pensé turbado y afligido. La ansiedad empezaba a invadirme.

—Donato —llamé por el intercomunicador.

Él duerme en la sala con el receptor de mi micrófono, por si necesito algo. Se encarga de ayudarme a vestirme en las mañanas y prepararme para ir a mis terapias, de bañarme los días que me corresponde y de voltearme de lado en mi cama a las dos de la mañana para evitar las famosas y peligrosas yagas. Cuando ya me siento incómodo con el hombro adormecido, lo llamo para que me rote de nuevo y así puedo seguir durmiendo hasta que empiece mi día, usualmente a las siete. Lo ideal sería aprovecharlo para que también me lleve a mi centro de fisioterapia, pero la primera vez que le permitimos manejar mi carro decidimos que también sería la última. Tuvimos la necesidad de contratar adicionalmente a un chofer.

—¡Donato! —grité esta vez.

Seguramente estaba en la cocina, investigando la refrigeradora y la despensa para ver qué más comía. Donato es una de esas personas que uno le ofrece la mano y para agarrando hasta el codo. Le dijimos que podía tomarse la libertad de comer algo si sentía hambre durante la noche, pero se lo tomó muy en serio y seguro cena dos, tres y cuatro veces. Descubrimos unos días más tarde que inclusive nos robaba comida, entre otras cosas, y se las llevaba a su casa en su mochila de niño malcriado. Cuando lo conocimos estaba con físico impecable y porte de deportista. Tres meses después ya tenía una inmensa papada y se le salía la barriga por debajo de la camisa.

—¡Donaaaaatooooo! —grité más fuerte, enojado.

Escuché sus pasos pesados aproximarse agitadamente en lo que iniciaba mi crisis ansiosa. Sentía una necesidad de moverme continuamente, por desesperación, pero solo podía saciarla moviendo mis brazos como loco. Era un tigre enjaulado queriendo salir de cacería, sin poder siquiera dar un paso.

—¿Qué pasó? —preguntó al entrar—. ¿Estás bien?

—No. Estoy mal. Ya empezó otra noche como anoche. ¿Dónde estabas? —pregunté furioso, sacando el malestar.

—En el baño —mintió, pues yo escuché su estampida desde

más lejos.

—Te encargo que siempre estés pendiente del receptor, por favor.

—Está bien. Disculpá.

No era la primera vez que se lo pedía. Si en cualquier momento tenía una emergencia necesitaba que él estuviera inmediatamente en mi habitación. Esta quizás no era una emergencia, pero yo sentía que me quería morir.

—¿Querés que despierte a tus papás? —me ofreció al darse cuenta de mi sufrimiento.

—No —contesté rápido. Solo los preocuparía ya que consideraba que no me podían ayudar, al menos en este momento. Ni yo sabía cómo ayudarme.

—¿Te puedo ayudar yo en algo?

—Solo encendé la tele, porfa.

Tenía que concentrarme en algo. No aguantaba los demonios en mi cabeza.

—¿Te dejo el control remoto? —me ofreció.

—No, gracias —contesté, ya que ni puedo presionar los botones—. O, ¿sabés qué?, mejor sí, dejámelo aquí —le indiqué, pensando que quizás me podía entretener tratando de cambiar de canal o de subir y bajar el volumen.

Pasé la peor noche de mi vida con las más perturbadoras pesadillas y pensando la manera más factible y fácil de suicidarme. Concluí que mi sueño de ahogarme en la piscina era la ganadora.

¿Yo, pensando en suicidarme? Había caído muy bajo. Me sentía en el sótano diecisiete.

La mañana siguiente, nomás entró mi madre a mi habitación para saludarme, le dije que estaba listo para hablar con un psicólogo.

viaje

Un chasquido a la par de mi oreja izquierda y otro junto a mi oreja derecha. Izquierda, derecha, izquierda, derecha. Unos diez chasquidos de cada lado. Es una técnica que usa mi psiquiatra después de hacerme una pregunta importante, antes que yo la conteste. Debía también cerrar mis ojos y no entendía cuál era el punto de todo este procedimiento. Seguro había una razón, pero me daba pena preguntarle. Sentía demasiado seca la garganta así que tomé un trago de agua del vaso de duroport. Siempre me sucede eso cuando tengo que hablar y toda la atención está sobre mí. Dar una presentación en el colegio o en la universidad era lo peor que me podían asignar.

—¿Me repite la pregunta? —solicité, aunque sabía perfectamente cuál era.

—Con gusto —dijo la Dra. Buonanotta—. ¿Cómo se siente en este momento? —repitió, y sus chasquidos también.

—Pues... —no sabía cómo expresarme—, muy mal. Muy

deprimido. No sé.

—Yo sé que es difícil, pero necesito que elabore más, por favor.

Siempre me ha sido difícil sacar todo de mi sistema, pero esto era lo más duro que me había tocado en mi vida. Incluso más difícil que adaptarme poco a poco a la vida de lesionado medular. ¡Y apenas empezaba la sesión!

—Me siento destruido. Eemm… ansioso… de… decaído, sin ganas de ver a nadie, ni de hablar.

—Tengo entendido que usted pasó mucho tiempo con el ánimo hasta arriba, afrontando esto con la mejor actitud, inclusive ayudando a otra gente con su positivismo. Es muy normal que después de una adversidad como esta se sienta así. Lo que no es tan normal es que le haya pegado hasta ahora, pero repito, después de un infortunio como el suyo, es común que le prosiga un trastorno depresivo mayor de episodio único —explicó.

—Pero… yo no estoy así por mi accidente. Lo que me pasó lo he aceptado muy bien desde el primer día, hasta hoy. Ese no es mi problema.

La Dra. Buonanotta me miró aun más fijamente a los ojos. Su breve silencio y leve movimiento de cejas delató su sorpresa ante mi contestación. Le dio un sorbo a su té de rosa de Jamaica, se puso de pie y se colocó detrás de mi silla.

—Cierre los ojos —me pidió y después de una pequeña pausa, preguntó—: ¿Cuál es la razón por la que últimamente se ha sentido de bajón?

Abrí mis ojos al terminar de escuchar los chasquidos y

observé la hora en el celular que la Dra. Buonanotta había dejado sobre la mesa. Sentía como que habían pasado noventa minutos pero apenas habían pasado ocho. Cuatrocientos ochenta segundos terriblemente prolongados. Muy curiosa, se sentó nuevamente frente a mí, esperando mi respuesta, con libreta y lapicero en mano. Los nervios obstaculizaban mi testimonio.

—Me angustié desde que comencé a darme cuenta de lo que implica mi accidente. Capté que no solo me había cambiado la vida a mí, sino también a mi gente más querida. Personalmente, no tengo ni he tenido ningún problema con hacerle ganas a todo lo que se requiere para seguir adelante. El gran problema es que no puedo hacer casi nada por mi propia cuenta y todo ese peso cae en mis padres y hermanos, que me tienen que ayudar.

—Ya veo —dijo—. ¿Y usted cree que a ellos les molesta ayudarlo con lo que necesita?

—No. Yo sé que ellos lo hacen de mil amores. Me lo dicen todo el tiempo —contesté con necesidad de otro sorbo de agua—. Pero de igual manera a mí me da mucha pena y siento que soy una carga para todos, ocasionándoles tanto trabajo extra. ¡No digamos los gastos a los que deben de incurrir por mi culpa! Por momentos siento que estarían mejor sin mí.

—¿Ha tenido pensamientos suicidas? —preguntó un tanto nerviosa.

—Sí —dije sin pensarlo, pues ya me había soltado—. Varias veces —añadí, asustado de haber contestado afirmativamente tan naturalmente.

—¿Ha tenido intenciones de quitarse la vida?

—No… solo porque no puedo hacer mucho por mí mismo.

Pero... en algunos momentos, si fuera físicamente capaz... lo hubiera hecho.

Escucharme decirlo en ese momento sonó demasiado fuerte. Sentí como si alguien le hubiera bajado quince grados al aire acondicionado, que de por sí ya estaba helado cuando entré a la clínica. Formulando en su cabeza la siguiente pregunta, la Dra. Buonanotta se levantó otra vez de su silla para pararse a mis espaldas. Esta vez puso sus manos en mis hombros.

—¿Se ha imaginado realmente cómo sería la vida de sus familiares y amigos... sin usted?

En lo que llevaba a cabo su técnica de chasquidos, recordé el retrato que dibujé en mi sueño del cual yo desaparecía y causaba un gran dolor a mi familia. Muy adentro sabía que era ridículo y grotesco pensar en esa supuesta solución, pero la mente es muy poderosa y a veces, cuando no está en sus cabales, nos puede distorsionar la realidad y transformarnos en otras personas.

Seguía con mis ojos cerrados escuchando los chasquidos alternos en ambos lados de mi cabeza cuando oí un conocido ritmo de batería que combinaba perfectamente. ¿Cuál es la probabilidad que suene el celular de la Dra. Buonanotta en ese preciso momento para encajar de tal manera con sus chasquidos?, pensé. De pronto entraron armoniosamente unos acordes de guitarra que se me hicieron familiares, pero no me resolvieron el misterio de la canción. Concentrado en lo bien que sonaba, me percaté de un sabroso calor y una amarillenta luz queriendo penetrar mis párpados sellados. Cuando escuché la voz del cantante, reconocí la canción y abrí mis ojos. Ya no estaba en la clínica de mi psiquiatra.

—¡Qué buena rola! —exclamó mi hermano más sonriente de lo que acostumbra, lo cual es bastante—. ¿Cómo es que se llama esta?

—*Something To Believe In* —le aclaré—. Pero póngale atención a la letra. ¡Eso la hace aun mejor!

Nuestra felicidad era gigantesca por estar aquí. Parecíamos niños en juguetería nueva. Era la primera vez que me animaba a viajar desde mi accidente – obviando el viaje a Miami, que fue por necesidad – y todo el esfuerzo que hicimos y las agallas que le pusimos se nos estaba remunerando, ¡con todo e intereses! En el escenario empezaba su concierto el gran Citizen Cope y nos tenía a todos fascinados con su estilo único. Yo llevaba varios meses escuchando su material y estaba encantado de oírlo en vivo. Definitivamente no es lo mismo hacer sonar uno de sus discos en casa a tener a todos los músicos tan cerca para apreciar cómo combinan sus talentos tan agraciadamente. Además, en vivo siempre preparan atractivos arreglos para sus canciones y a veces hasta improvisan excelentes *jammeadas*.

El cielo estaba despejado y el clima neoyorquino de finales de agosto era perfecto para un festival de música. Parejas y grupos de amigos tirados en el pasto tomaban cerveza mientras absorbían los rayos del sol mezclados con notas musicales. Las chicas vestían prendas bastante cortas y se movían con ritmo cautivador. Cantando el coro sentí unas manos abrazándome por detrás que me invitaron a bailar un poco.

—¿Qué te parece? —le pregunté volteando mi cabeza hacia arriba, en lo que medio danzábamos.

—¡Me encanta! —gritó ella.

Recién casada, mi amiga de toda la vida, Dalia, estaba viviendo con su marido en "La Gran Manzana" y muy emocionada compró su boleto desde el día que le conté que llegaría al festival. A mi hermano y a mí nos hizo el favor Joshua, un gran amigo, no solo de comprarnos las entradas, sino de hospedarnos esas dos noches que estaríamos por aquí. Gran parte de la razón por la que me encontraba gozando este momento es por la insistencia de Joshua de alentarme para llegar a visitarlo. Y aquí estábamos los cuatro, gozando el momento que por fin había llegado.

Teníamos una competencia de sonrisas, pero el concurso, por mucho, lo iba ganando yo. Hace un tiempo estuve en lo más bajo de mi vida y ahora sentía que estaba volando. Mi depresión, gracias a Dios, duró mucho menos de lo que pensé. Empezar a buscar trabajo fue lo mejor que pude haber hecho para salir adelante. Las sesiones con la psiquiatra también me ayudaron bastante y los antidepresivos los dejé de tomar de un tirón a pesar que indican ir disminuyendo la dosis gradualmente.

—A mí también —le dije—. ¡Y lo mejor es que esto apenas empieza!

Aún faltaba escuchar el set de una de mis bandas favoritas, O.A.R., seguido por el plato principal, con nada más y nada menos que Dave Matthews Band. El hecho de poder apreciar estas tres bandas en un mismo día motivó a mi hermano para convencerme de lanzarme al agua y venir a Nueva York. Estaré eternamente agradecido con él, más que por convencerme, por venir conmigo y ayudarme con todo lo necesario.

—Mirá, ahí va Scott —le indiqué a Joshua.

—¡Tremendo trabajo compadre! —le gritó Joshua antes que desapareciera con su radio entre la gente—. ¡Y de nuevo, muchísimas gracias!

Scott era el organizador de este gran evento y gracias a su gran calidad humana y las magníficas aptitudes en relaciones públicas de Joshua, nos ubicaron en el área VIP por unas horas hasta que empezó el espectáculo. Era una sección exclusiva con toda la comida y bebida que quisiéramos meternos. Incluso hicieron varios concursos donde nos ganamos unas gorras y playeras de los artistas. Con razón esos boletos costaban más del doble que los nuestros.

—Qué buen tipo. Se rayó con nosotros, la verdad —expresé.

—¡Totalmente! Imaginate estar a medio evento de estos, resolviendo mil mierdas, y todavía tiene el detalle de platicarnos y meternos a VIP —opinó Joshua.

—¡Muy buena onda! —confirmé—. Oí, ¿y te gustó esta banda?

—No pude escucharlos mucho antes del concierto, para conocerlos, ¡pero están excelentes! Seguro les entraré más a partir de hoy.

—Vale la pena. ¡Mirá este día que nos hizo! Tenía miedo por lo del huracán, ¡pero no hay una sola nube!

—Sí, seguro se desvió —dijo agradecido—. ¡Qué suerte!

Cuando salimos de Guatemala, ya instalado en el asiento 7F para volar a Miami para hacer escala hacia Nueva York, abordó una amiga que casualmente tenía el mismo itinerario que nosotros. Ella fue la que nos informó que había un huracán rumbo a Nueva York pasando en ese momento por Miami. Su tía de la Florida le había contado que el viento ya estaba tan fuerte que doblaba las palmeras y creía que no podríamos tomar el vuelo a Nueva York porque cerrarían Miami International Airport.

Nunca me ha gustado estar pendiente de las noticias porque considero que la gran mayoría de ellas solo me amargan la vida. Casi todo es violencia, desgracia, muerte, crisis de todo tipo, etc. y el no poder hacer nada al respecto para mejorarlo, me frustra aun más. Decidí que prefiero vivir desinformado y contento en vez de informado y afligido. Además, siempre me entero de lo más importante, lo que realmente necesito saber, ya que es de lo que habla la gente y comparte en las redes sociales. Pero por esta vez mi filosofía me había fallado porque nunca me enteré de este amenazante huracán hasta que ya estaba a punto de arruinarme mi viaje.

Consideramos seriamente bajarnos del avión y quedarnos en Guatemala, pues no nos parecía nada gracioso pasar por todo el trajín para quedarnos estancados en Miami. Afortunadamente logramos ver la mitad del vaso lleno y por ende estábamos pudiendo gozar este momento que tanto apetecimos.

—Son tus cuates —me secreteó Dalia en lo que les hablaba en su celular—. Perfecto, nos juntamos con ustedes ahí. Ciao —finalizó—. Ya llegaron. Nos esperan en la entrada.

—Vamos.

Había olvidado mis pastillas en el apartamento de mi amigo y ya me hacía falta una de veinte miligramos de baclofeno para calmar mi espasticidad. Además, rodar en un terreno disparejo como este siempre me causa repetitivas contracciones musculares en mis pies, médicamente conocidas como *clonus*. A mí me gusta llamarles "Happy Feet" desde que un amigo muy creativamente las nombró así. Ya te empezó el "Happy Feet", dijo en esa ocasión al ver como mis pies se movían rápidamente de arriba para abajo sobre las puntillas, como lo hacen las personas nerviosas que todo el tiempo se tienen que estar moviendo, emitiendo un sonido desesperante con el roce de sus pantalones.

Pasando entre la gente en dirección a la puerta, olimos innumerables ráfagas de humo simpático y relajante que se originaban en medio de cada uno de los grupos de personas. Mi hermano me empujaba pero a cada rato debíamos parar porque el

"Happy Feet" causaba que mis zapatos se deslizaran del reposapiés hacia el pasto, ocasionándole un freno a mi silla de ruedas y una posible lesión a mis pies. Me urgía mi relajante muscular.

—Ahí están —le señalé a mi hermano.

Al acercarnos, después de otras dos paradas técnicas, me di cuenta que del grupo de mis amigos también salía humo. Los había conocido hace buen tiempo en Guatemala y ahora unos estudiaban y otros trabajaban en La Gran Manzana.

—¡Amigo! —gritó uno de ellos corriendo hacia nosotros al ver que nos aproximábamos—. ¡Qué bueno verte!

—Igualmente, cerote —dije mientras me abrazaba—, ¡y mejor en una ocasión como esta! ¿O no?

—¡Vos lo has dicho, amigo!

Se acercaron todos los demás y hubo ronda de sonrisas y abrazos.

—Amigos chapines de Nueva York, les presento a más amigos chapines de Nueva York.

Todos se conocieron entre risas y más abrazos.

—Mirá qué tenemos —dijo uno de ellos mostrándome un gran porro que asumo que iba por la mitad y aun así era inmenso—. ¿Gustás?

Recordé lo que me dijo un fisioterapeuta sobre calmar la espasticidad con cannabis y deduje que era el momento perfecto para darle un jalón. Además no podía rechazar tal obra maestra de arte del *porrogami*.

—Dame fuego —dije con el porro entre los labios.

—¡Vámonos! —gritó encendiéndolo con una mano y señalando el cielo con el índice de la otra.

—¡Uy! —exclamó mi amigo mientras yo tosía—. ¡Ese sí te va a pegar rico!

Instantáneamente sentí como si le pusieron un filtro de Photoshop al mundo. Los colores se miraban más definidos y pronunciados. El azul del cielo tomó un tono eléctrico que me hipnotizó y el pasto verde lo miraba en alta definición. La música me pegó más que nunca y era capaz de separar cada instrumento de los demás con mucha facilidad. Inclusive el bajo, que siempre me ha costado distinguir. La combinación de los rayos de sol con el enfriado viento embriagaban mi piel. Se me secó mucho la boca.

—¡Miren qué les traje! —dijo otro amigo acercándose con unas cervezas—. ¡Están congeladas!

No soy tan amante de la cerveza, ¡pero esa fue la mejor de mi vida! Más tarde me comí la hamburguesa más exquisita de mi vida y el pedazo de pizza más sabroso de mi vida. Siempre he sido fanático de la Coca Cola de cereza, pero esa tarde indudablemente me tomé la más refrescante de mi vida. Lo que más me disfruté, que también fue el mejor de mi vida, fue el helado que me comí de postre. ¡Wow!

O.A.R. estaba por empezar su concierto así que nos movimos hacia la esquina opuesta del campo para conseguir un buen lugar. Mucha gente decidió quedarse donde estaban, ya que Dave Matthews Band tocaría más tarde en el mismo escenario que Citizen Cope. Mis pies ya no tenían "Happy Feet", pero no porque estuvieran tristes. Al contrario, mis pies, mi ser y mis amigos estábamos radiando de alegría.

—Ahora los buscamos —dijo mi hermano desviándose con Dalia—. Vamos a comprar agua. ¿Quieren algo?

—Una botellita, por favor —pidió Joshua empujándome hacia el otro escenario.

—Yo les robo unos tragos, gracias —dije.

Nos instalamos en una pequeña pendiente a la derecha del escenario justo cuando empezó a sonar la primera canción. No pudimos escoger mejor lugar, no solo porque ahí podía ver muy bien, sino porque a nuestro lado habían tres chicas guapísimas bailando con muy buen ritmo.

—Qué estratégico —le dije a Joshua.

—Por supuesto —contestó.

Una de ellas, la más bonita a mi gusto, dejó de bailar y apoyó sus manos sobre sus rodillas como para descansar un rato.

—Si quieres descansar te puedes sentar aquí —le ofrecí bromeando, pero a la vez muy en serio, señalando mis piernas.

—Gracias —me dijo sonriendo, le pareció graciosa mi propuesta.

—Qué buen saxofón, ¿no? —opiné al escuchar un solo genial.

—¡Jerry es increíble! —expresó, mostrando su conocimiento sobre la banda—. ¿De dónde eres?

Me delató mi acento al hablar inglés. Puntos extra para mí.

—De Guatemala.

—¿En serio? No pareces —dijo empezando a bailar de nuevo.

—Yo sé —me reí—. Mis abuelos eran polacos.

—Supongo que de ahí salieron esos ojazos —dijo guiñando uno de los suyos.

Más puntos para mí, aunque no supe cómo reaccionar.

—¡Lindsay, vamos! —le gritó una de sus amigas.

Típico, pensé. Las amigas siempre arruinando estos momentos.

—Bueno, vamos a meternos hasta adelante. Adiós, que la pasen bien.

—Ciao —dije—. Gózatela bailando y si me encuentras después, mi invitación sigue abierta para que descanses.

Sonrió y se fue corriendo con sus amigas, cogidas de la mano, a meterse entre la gente. Ojalá se agote y me encuentre, deseé.

—Malas noticias… —dijo mi hermano al regresar—, me acaba de llamar mama y dice que hoy en la noche cierran los aeropuertos.

—¡Qué! ¿En serio? —pregunté medio incrédulo.

—Sí, parece que el huracán llega mañana. Desde ya están cerrando todo y cancelando vuelos.

—¡No puede ser! —grité sin entender, pues el clima seguía de maravilla y lo último que me hubiera imaginado es un huracán aproximándose—. ¿Y ahora qué hacemos?

Habíamos planeado el corto viaje para salir el jueves, gozar del festival el viernes y regresar el sábado, con la idea de estar a tiempo para hacer mi rutina de baño y movimiento de heces en la comodidad de mi casa. Necesito medicamentos y mucha asistencia personal para esta rutina por lo que hacerla fuera de casa resulta bastante fastidioso e incómodo. Algo así como esta noticia.

—No tengo mucha señal pero me voy a ir por allá para hacer unas llamadas —dijo Joshua—. No se preocupen y sigan gozando el concierto.

Viendo el cielo tan despejado, no podía creer que en menos de veinticuatro horas nos visitaría Irene. Estaba bastante nervioso pero no podía permitir que se arruinara esta experiencia que tantas buenas vibras me había regalado. Aún faltaba la mitad y tenía que aprovecharla igual o más que la primera.

Joshua regresó una docena de canciones después y nos dijo que efectivamente estaban comenzando a cerrar todo en la gran ciudad. Luego de ser rechazado por un par de enfermeras para llegar al apartamento y ayudarme con mi baño, averiguó sobre un hospital cercano que trabajaría hasta medio día. Había que ir temprano en la mañana y esperar a que me atendieran antes que se paralizara la ciudad.

—Después del festival tenemos que pasar comprando agua, comida enlatada y baterías para las linternas —explicó—. También nos recomendaron llenar la bañera de agua por cualquier cosa.

—Qué locura —dije sintiéndome en una película—. Primero Dios, salga todo bien.

* * * * *

Despúes de seis horas y con pañal de adulto puesto por si no había terminado de hacer completamente, salí del hospital con una gran sonrisa por haber sobrepasado esa odisea. El cielo estaba denso y gris, pero aprovechando que aún no llovía nos fuimos caminando y rodando al apartamento.

—¡Qué bien, sigue abierto este lugar! —expresó Joshua—. Son los mejores sándwiches que hay. Adelántense, yo voy a comprar unos cuantos y los alcanzo.

—Mejor los compro yo y sigan ustedes —sugirió mi hermano.

—Bueno. Aquí solo seguís recto y cruzás a la derecha en la setenta y ocho —le indicó Joshua.
—Si no nos alcanza, lo esperamos en el lobby —agregué.

La ciudad se encontraba en estado de emergencia. Nosotros estábamos en una zona media, pero ya habían evacuado las zonas con alto riesgo de inundación. El apartamento ya estaba abarrotado con todo lo que nos recomendaron y el delicioso almuerzo ya venía en camino. Habíamos escogido varias películas para entretenernos durante el encierro – entre ellas Avatar y Pulp Fiction –, esperando no quedarnos sin electricidad. Así que ya estábamos listos para protegernos de Irene, deseando que no se comportara como una perra.

—¡Bu! —gritó mi hermano detrás nuestro para asustarnos.

—¡Uy, qué susto! —dije, sarcásticamente.

—Estaban a dos por uno así que traje seis variados. Los que no tienen queso son los míos.

Justo abriendo la puerta de entrada del edificio, empezó a llover.

*   *   *   *   *

A pesar que Irene fue el séptimo temporal más costoso en la historia de los Estados Unidos, con estimados de más de quince billones de dólares en reparación por daños, en Nueva York tuvo más piedad. Entre una película y otra miramos por las ventanas para espiar a Irene. Aunque sí se contemplaba bastante viento, no estuvo más fuerte que el de cualquier día de noviembre en la Tierra del Quetzal. Probablemente en las zonas de más peligro se sintió mucho más intenso, aunque no hizo mayores estragos en general.

—¿Están bien? —preguntó Dalia por el teléfono.

—Ni lo sentimos —contesté—. ¿Y ustedes?

—Todo en orden. Hasta dormimos más rico con la lluvia —dijo—. Oí, hoy empieza el US Open y en el trabajo me regalaron un par de entradas. ¿Querés ir conmigo? Podemos ver todos los juegos en la cancha principal, dependiendo a qué hora lleguemos.

—¿De verdad? ¿Pero Peter no va a ir contigo?

—No puede, tiene que trabajar hasta tarde. ¿Te apuntás?

En lo que hablábamos, yo ya me había metido a buscar en Internet y no podía creer que vería en vivo un juego del gran Roger Federer. Si llegábamos temprano también veríamos jugar a Venus Williams.

—¡Por supuesto, me encantaría! —dije muy entusiasmado—. ¡Muchísimas gracias!

—¡Yey, qué emoción! Pensé que ibas a decir que no.

—¿Por qué? —pregunté sorprendido.

—No sé. Pensé que no te ibas a animar a que yo te llevara sola.

—¿Cómo no? Ahí le hacemos ganas. ¡Gracias por la invitación!

—¡Qué alegre! Entonces llego por ti al salir del trabajo, tipo cinco y media.

—Perfecto. Adiós.

—Ciao.

Al colgar me quedé reflexionando que todo pasa por alguna razón. Al nomás enterarme del huracán y que podrían cancelar mi vuelo, honestamente se me vino el mundo encima. Pero después de todo, Irene se portó muy bien conmigo, haciendo que me quedara tres noches extra en Nueva York gozando de mi viaje. A pesar que una de ellas estuvimos encerrados en el apartamento, de igual manera la pasé muy bien. ¡Y ahora tendría la excelente oportunidad de ver a mi tenista favorito jugar en un torneo mayor!

Costó más de lo que creí, pero por fin llegamos al Billie Jean King National Tennis Center en Flushing Meadows. Debido al reciente estado de emergencia, los sistemas de transporte estaban volviendo a arrancar y funcionaban extrañamente. Por consiguiente, la gente utilizaba más taxis de lo normal y nos costó mucho a nosotros conseguir uno. Mi amiga me tuvo que empujar un buen trecho, parando a cada rato para restablecer mis pies que se caían por el "Happy Feet", hasta que finalmente se detuvo un taxi frente a nosotros de donde se bajó una pareja chilena. Ellos aún no habían llegado a su destino, pero al vernos en la calle solicitando un taxi decidieron muy amablemente cedernos el suyo. ¡Es gratificante ser testigo que todavía existe gente así!, pensé.

—Suban por este elevador al segundo nivel y ahí estará

alguien para dirigirlos a su palco —nos indicó la señorita.

—¿Palco? —pensé en alto.

—¡Suena bien! —dijo Dalia.

Cuando entramos por la puerta lo primero que vimos fue un banquete de comida. Justo veníamos hablando del hambre que teníamos y nuestro antojo de un hot dog, pero los bocadillos en esa mesa se miraban y olían mucho más ricos. A un lado había un pequeño bar con un mesero que ya tenía varias copas de vino tinto, rosa y blanco servidas y separadas por color. Una señorita medio fea pero muy amable nos dio la bienvenida y nos obsequió una gorra del torneo a cada uno.

—¿Gustan una copa de vino? —nos ofreció.

—Yo una botella de agua, por favor —dije—. ¿Cuánto cuesta?

—Nada —dijo a punto de reírse—. Todo es gratis. Pueden servirse lo que deseen, sin pena.

—¡Muchas gracias! —dijimos unísonos, volteándonos a ver muy impresionados.

—Con mucho gusto —dijo con una sonrisa auténtica, no como las que portan la mayoría de edecanes—. Por favor, acompáñenme al balcón para mostrarles sus asientos.

¡La cosa se ponía cada vez mejor! La cancha donde Venus estaba por ganarle a la rusa dos sets por cero la teníamos demasiado cerca y el maestro Federer no tardaba en hacer su debut.

—Voy a servirnos algo de comer, ¿querés algo más para tomar?

—Champagne para celebrar —dije bromeando—. No gracias, con agua estoy bien.

Al salir las damas de la cancha, pusieron música a todo volumen en el estadio y enfocaron en las pantallas gigantes a la gente que mejor y peor bailaba. Me reí demasiado con un niño gordito y fofo con la playera extra apretada que realmente creía que tenía buen ritmo. Lo enfocaron el doble de tiempo que a todos los demás y él estaba feliz de "hacer el show".

Roger jugó digno de su apodo, "La Perfección Suiza". Le ganó fácilmente al colombiano Giraldo seis a cuatro, seis a tres y seis a dos. Lo que hace todavía mejor a los mejores es la humildad y por eso considero que Federer es el rey del tenis.

—En vez de bajar en el primer nivel, bajen hasta el sótano —indicó un edecán al terminar el juego—. Ahí hay una salida más accesible para usted.

—Muchas gracias —le dije, impresionado de cómo funciona todo lo relacionado a discapacidad en este país comparado al mío.

—Por aquí, por favor —mostró otra edecán escoltándonos al salir del ascensor—. ¿Buen juego, verdad?

—¡Excelente! —expresé—. Federer es lo máximo.

—¿Primera vez que lo ves en vivo?

—Primera vez que veo tenis en vivo.

—Bonito, ¿no? —dijo la edecán, deteniéndose por un momento—. Ya que estamos por estos rumbos, déjenme intentar algo.

Nosotros nos detuvimos detrás de ella y aproveché para pedirle a mi amiga que me quitara el sudadero, pues en ese túnel había mucho calor. La edecán se adelantó unos pasos, tocó una puerta y habló unos cinco minutos con alguien que no alcanzamos ver.

—Amigos, pasen por aquí —dijo sonriendo.

Había bastante gente en la habitación y no sabíamos exactamente que hacíamos nosotros ahí. Noté que había un equipo filmando algo, pero una barrera humana no nos permitía ver qué. De repente el camarógrafo bajó la cámara de su hombro al mismo tiempo que otro apagó una fuerte luz y, al instante, la habitación se despejó en un setenta por ciento. Sentado en un sofá de cuero negro firmaba un autógrafo el ganador de la noche. Dalia y yo quedamos estúpidos.

—Hola —dijo Roger—. Pasen adelante.

Menos mal logré cagar el día anterior.

—¡Felicidades por ese gran juego! —dijo Dalia, ya que yo no podía hablar.

—Muchas gracias. A ver que tal me va el jueves contra Dudi Sela.

—No me cabe duda que lo matarás —me atreví a decir.

—Veremos —dijo riendo—. ¿De dónde son?

—De Guatemala.

—¡No sabía que tenía seguidores en Guatemala!

—Bueno, sin el plural. Solo tienes uno. Solo yo. Los demás prefieren a Nadal —bromeé, aunque su cara me dijo que se lo creyó—. ¡Son mentiras, Roger, eres muy querido en Guate!

Hice reír, a mi parecer, al mejor jugador del mundo.

—Después de este torneo me tomaré unas necesarias vacaciones —compartió—. A lo mejor visito Guatemala.

—¡Te encantaría! Te dejo mi email por si llegas y así yo te llevo donde deberías ir —dije sintiéndome en un sueño.

—Ey…Alan… ¡Ey!… —me despertó mi hermano—. Ya podemos subir al avión para pasarlo a su asiento antes que aborden todos.

—Está bien, vamos —dije bostezando.

Lástima que me desperté, pensé.

futuro

La mesa del quirófano se sentía helada debajo de mis omóplatos y mis brazos que, por alguna razón, tenía atados. También percibí un tipo de amarradura en mis tobillos, lo cual me causó gracia porque no puedo moverlos ni aunque estuvieran libres. Me tenían los ojos vendados pero alcanzaba a ver a través de una pequeña abertura que se formó gracias al considerable tamaño de mi nariz. No podía mover mi cabeza, pues la tenía fija con una prensa acolchonada, pero al menos me sentía cómodo. A pesar de las circunstancias y el misterio de mi ubicación, estaba tranquilo, esperando cualquier cosa que me ayudara a resolver algo.

De pronto escuché abrirse y cerrarse una puerta eléctrica. A los pocos segundos, en mi reducida vista aparecieron cuatro sujetos con unos trajes de astronautas modernos y se dividieron equitativamente a mis lados.

—Hola —dije, pero ninguno me contestó.

Tenían puesto unos cascos voluminosos y esféricos que los

hacía verse desproporcionados a sus cuerpos. En ellos me reflejaba desde cuatro ángulos distintos, desnudo y quieto sobre la mesa de operaciones. Era imposible ver sus caras a través de ese material reflector. Solo miraba unas luces que parecían relámpagos internos y se encendían cada siete segundos, sincronizados los cuatro.

—Hola —dije de nuevo—. ¿Dónde estamos?

Me pareció que no eran muy sociables. O tal vez no podían hablar con esos cascos puestos. Me quedé observando cómo preparaban unos utensilios y aparatos de última tecnología, poniéndolos en orden sobre una mesa transparente. Unos instrumentos me pusieron un poco nervioso, pero afortunadamente los usaron solo para alistar y adecuar un dispositivo que parecía una pistola de agua gigante. No lograba ver muy claro pero dos de ellos trabajaban con esos instrumentos a mi derecha y los otros dos, a mi izquierda, programaban algo en una computadora que emitía hologramas, de los cuales solo entendí uno. Era un esqueleto humano con una luz roja justo al nivel de mi lesión. Aunque me sentía un poco intranquilo, me daba mucha confianza estar en un laboratorio tan avanzado y especializado. Uno de los de mi derecha se volteó con esa "bazuca" llena de una espesa sustancia morada fosforescente y mientras le colocaba una aguja de unos diez centímetros en uno de sus extremos, otro sujeto me quitó la venda de los ojos y me los alumbró con una potente luz anaranjada que me noqueó.

Cuando abrí los ojos me encontraba nuevamente en esa sala futurista, solo, sin astronautas extraordinarios. La mesa donde estaba acostado empezó a inclinarse lentamente hasta que quedé completamente vertical. Me extrañó no sentir el típico mareo que me da cuando me estabilizo en mi casa. Quedé parado frente a un espejo y supe que había mínimo unos quince astronautas raros del otro lado, observándome. Parte por parte, me liberaron la cabeza, luego los brazos y por último los pies. Creí que me iba a caer al suelo, pero milagrosamente me mantuve de pie, incrédulo. Empuñé mis manos y las abrí repetidamente. Meneé mis caderas hacia ambos lados. ¡Aparentemente los mensajes de mi cerebro ya no se obstruían! Intenté dar un paso y al ver el prodigioso resultado, corrí en esa sala de veinte metros cuadrados como un perro en un vasto parque.

—No sé qué me hicieron pero, ¡muchas gracias! —grité mientras reía con histeria—. ¡Son unos genios!

Corrí y salté por el tiempo necesario para quedarme sin aliento, así que me senté un rato para recuperarme apoyando mi espalda en la mesa de operaciones. Reintegrado me puse de pie y pegué mis ojos en el "espejo", tratando de comprobar mi teoría. Cuando logré enfocar bien, no creí lo que vi: era un auditorio repleto con miles de esos astronautas, pero no tenían sus cascos puestos. Sus cabezas eran realmente del tamaño de los cascos y las luces blancas salían de sus ojos, aproximadamente cada siete segundos. ¡Eran extraterrestres!

—Buenos días —me despertó a las siete de la mañana, como de costumbre—. ¿Ya te querés levantar?

—Buenos días Juancho —le dije desperezándome a mi nuevo asistente—. Sí, por favor. Tengo mucho que hacer.

En lo que procedíamos con la rutina para alistarme, solo pensaba en la pereza con la que había amanecido. De vez en cuando me despierto con cero ganas de ir al centro de fisioterapia, aunque la cosa cambia al ya estar ahí haciendo mis ejercicios. Hay días, especialmente cuando me desvelo la noche anterior, que llamo para avisar que definitivamente no iré. Tal vez unas tres o cuatro veces al mes.

—¿Qué te querés poner hoy? —preguntó abriendo mi clóset.

—El pants gris y la playera... de rayas azules y blancas, por favor.

Empecé a recordar mi sueño. Poco a poco se me venían a la mente más detalles. Recuerdo lo auténtico que sentí correr y saltar por esa pequeña habitación. Hasta esas sensaciones de fatiga y asfixia, ¡se sintieron demasiado reales!

—Disculpá —dijo al ver mis ojos cerrados—, ¿cuáles zapatos?

—Los grises claros están bien, gracias.

Seguía con mucha pereza de hacer mi fisioterapia y tenía más ganas de seguir durmiendo. Quería descubrir el final de ese sueño tan loco y, al mismo tiempo, alentador.

Ya listo sobre mi silla enfrente de mi escritorio, encendí mi computadora en lo que me traían unos huevos estrellados y una naranja con sal. Como de costumbre, abrí primero mi iTunes seguido por mi administrador de correos. Busqué una canción en lo que se bajaban mis emails y escogí *On A Day Like This* del grupo Elbow.

Generalmente recibo más correos al iniciar el programa en las mañanas, pero hoy solo me entró uno. El remitente era el *Miami Project to Cure Paralysis*, lo cual me pareció muy extraño ya que ellos mandan un boletín informativo mensualmente y recién había recibido el correspondiente a este mes. "Últimas Noticias" decía el título. Me apuré a abrirlo.

¡La FDA acababa de darles la aprobación para proceder a hacer pruebas clínicas para la implantación de células Schwann en humanos!

estímulo

—¡Bueno, chato! ¿No me vas a contar o qué? —protestó Es trabajándome la espalda.

—¿Qué cosa? —pregunté haciéndome el loco, pues ya sabía a qué se refería.

—¡Cómo que qué cosa! —protestó aun más—. Por ahí me contaron que conseguiste trabajo, ¿es cierto?

Esperanza, o Es, como le dicen desde pequeña, me ha dado masajes relajantes desde hace muchos años. Antes de empezar a pedirle un par de masajes ocasionales al mes, ya llevaba mucho tiempo atendiendo a mis padres, tíos y hasta a mi abuela. Probablemente atiende a alguno de mis parientes cada día de la semana, así que es imposible no enterarse de los chismes y las noticias familiares. Casi siempre se informa de asuntos de mi familia antes que yo.

Contando con muchos años de experiencia, Es acababa

de cumplir cincuenta y dos años y empezó a trabajar en este rollo desde que inició sus prácticas universitarias, a los diecinueve. Tiene las mejores manos y amaestra todas las técnicas existentes... o al menos las que yo conozco y más disfruto. A lo largo de los años acumuló una infinidad de anécdotas muy interesantes y chistosas que me comparte de vez en cuando, ya que le encanta platicar. Mi preferida es una de cuando le estaba haciendo un masaje a un tipo que se creía Brad Pitt y de repente se le salió el pedo más fuerte de la historia. Cuenta Es que fue tan ruidoso e inesperado que la hizo brincar del susto.

Se divorció a sus treinta años y yo, desde que me contó eso, consideré un rotundo idiota al sujeto que le quemó el rancho, ya que Es, aparte de ser interesante, capaz y encantadora, es guapísima y tiene un cuerpazo. Desde adolescente sentía algo por ella y era la protagonista de mis fantasías sexuales de la pubertad. Hasta su nombre me gusta, especialmente ahora después de mi accidente.

—Sí, es cierto. Empecé hace unos meses.

—¡Qué buena onda, chato! —dijo desde el corazón, deshaciéndome unos nudos con sus forzudos dedos—. ¿Dónde estás trabajando? Cuéntame.

—Se llama BBDO. Es una de las mejores agencias de publicidad, no solo en Guatemala, ¡sino a nivel mundial! —expliqué—. Me dieron la gran oportunidad y facilidad de trabajar desde mi casa, ya que es un poco complicado cumplir con un horario fijo.

—¡Qué bueno escuchar esto! —pronunció muy feliz—. ¡Te felicito!

—Gracias Es, la verdad es que estoy muy contento. Me mantiene ocupado y me gusta.

—¡Excelente! ¿Y qué haces, exactamente?

—Invento anuncios… de televisión, de radio, de todo. Me dan toda la información necesaria sobre el producto y el mercado y yo tengo que escribir varias propuestas. Es muy entretenido.

—Así suena, chato —comentó—. Y tienes que ser muy creativo. ¡Yo no podría hacer eso!

—Pues a veces me fluye y a veces me cuesta muchísimo. Especialmente cuando hay presión para entregarlo rápido. Es cansado, pero cuando producen alguna de tus ideas, ¡vale toda la pena!

—No sabes lo que me alegro por ti, en serio te lo digo.

—Muchas gracias Es.

—Bueno, chato, aquí ya terminamos. Te ayudo a darte vuelta así te hago un *decollete*.

Desde hace unos minutos empecé a sentir que se me formaba una erección. A veces me pasa también cuando hago mi fisioterapia. Sé que no tengo por qué, pero siento mucha vergüenza cada vez que me sucede esto. ¡Y ya era hora de voltearme hacia arriba!

—Discúlpame Es —dije al ver la carpa de circo que parecían mis shorts—, pero no lo puedo controlar. Y no es que suceda por algo erótico.

—Yo sé, yo sé. ¡No tengas pena! —dijo sonriendo—. Pero te digo la verdad, ¡qué bueno que tengas erecciones!

—Sí, ¡eso definitivamente! —dije ya menos apenado.

—Oye, con la confianza que nos tenemos, ¿te puedo preguntar algo?

—Lo acabas de hacer —bromeé.

—¡Chistosito! —gritó entre risas—. ¿Que si te puedo preguntar algo personal?

—Por supuesto.

—¿Tú tienes sensibilidad ahí?

—Sí —contesté no muy persuasivo—, pero muy muy poca. O sea, cuando me cateterizaban o al bañarme, siento que me están tocando allá abajo, pero definitivamente no como antes.

—O sea que no sientes placer.

—No, la verdad es que no.

—Permíteme —dijo cerrando la puerta.

Tomó su bolsa que había dejado en el sofá y sacó de ella un pequeño aparato que pensé que era un alcoholímetro. Le presionó un botón durante unos treinta segundos y yo, confundido, solo miraba cómo se le encendían unas luces verdes hasta que la última se puso roja. Se me acercó y puso la boquilla de ese extraño dispositivo en mi boca. Yo seguía con una gran erección.

—Jala —ordenó.

—¿Qué es est…?

—Dale —interrumpió—, confía en mí.

Le di un jalón y sentí unas cosquillitas en la garganta.

—¡Es mota! —exclamé sorprendido—. Pero... ¡sabe más rico!

—Porque es vapor —explicó—. Este chunche en vez de quemar la mota, la vaporiza y le extrae muchos más de sus ingredientes psicoactivos. Además es mucho mejor que andarse metiendo tanto humo.

Me impresionó su conocimiento. El vapor indudablemente ya había cumplido su función.

—Pero... ¿por qué me diste de fumar ahor...?

Cuando metió su mano entre mis calzoncillos y agarró mi pene entendí por qué. La sensación tan deliciosa me mandó a un estado de trance que me ayudó a digerir con rapidez la locura que estaba sucediendo: ¡me estaba tocando Es! Sabía que esto estaba muy mal, pero llevaba mucho tiempo de no sentir algo así.

—Años después de mi divorcio salí por un tiempo con un tipo en silla de ruedas. Su lesión era muy parecida a la tuya —me relató frotándomelo sutilmente—. Me metí a investigar un poco y haciendo unos experimentos, pongámoslo así, descubrimos que la marihuana ayudaba a mi ex a tener más sensibilidad en sus partes. Mira cómo se siente en los testículos.

Sumando lo que sentía a lo que escuchaba decir a Es, estaba en éxtasis total. Yo no podía hablar. Solo disfrutaba, cerraba mis ojos y deleitaba aun más.

—Con él nos dimos cuenta que fumado podía mantener una erección por suficiente tiempo para tener relaciones, siempre y cuando se le mantuviera estimulado. ¡Le funcionaba mejor que el

Viagra! Veo que a ti también, chato —dijo sensualmente.

Recordé cómo el último día de mi rehabilitación en Miami el doctor croata esperó que sus colegas, ambas mujeres, salieran de mi habitación para recetarme Viagra. Así como un padre hace con su hijo adolescente, me habló y explicó sobre relaciones sexuales, en este caso, con lesiones medulares.

Abrí los ojos y vi que Es ya se había quitado su blusa y sostén, ¡con una sola mano!, ya que la otra seguía ocupada placiéndome como nunca. Esperanza estaba aun más buena de lo que aparenta vestida. Me empezó a besar sin descuidar el sur y yo no entendía que estaba pasando. Me sentí como un estudiante de bachiller cumpliendo su fantasía con su profesora.

—Ya terminamos, chato —me dijo alistando sus cosas—. Hoy si te relajaste más que nunca.

—Lástima —dije lamentado, pues detesto quedarme dormido durante un masaje, ya que dejo de sentirlo y apreciarlo—. ¡Si quisiera dormir mejor me echo una siesta!

Ella sonrió y se acercó a darme un beso en la mejilla para despedirse.

—Llámame para programar la próxima sesión —dijo al salir de mi habitación.

—Seguro que sí Es —le grité excitado, pensando en una sesión cómo la de mi sueño—. ¡Gracias!

amor

—Listo —dijo ella colocándome el cinturón.

—Gracias. Tené cuidado al levantar la rampa, por favor —le pedí—. No quiero que te lastimés tu espalda.

—Ya lo sé, mi amor. Gracias.

Con tanta práctica y dedicación, ya dominaba la mecánica de meterme al carro para llevarme a todos lados. Teníamos la fiesta de cumpleaños de un amigo mío y ella se miraba guapísima. Yo estaba muy emocionado porque por fin, después de hablarles tanto sobre ella, la conocerían mis amigos.

Ella era una de las tres fisioterapeutas de Therassist, el mejor centro de rehabilitación en Guatemala, al cual empecé a asistir después de no ver resultados en otros dos centros. El primer día que llegué, la vi y me emocioné, pues tener a una fisioterapeuta tan bonita me motivaría a echarle más ganas. "Hicimos click" desde el primer momento que hablamos. Quiera que no, dos horas diarias de lunes a viernes es bastante tiempo para platicar y conocernos en lo que hacía mis ejercicios. Sentí una química impresionante que con el tiempo fue creciendo. Me pasa con mucha gente, pero con ella tenemos demasiados gustos y mañas en común. Muchas veces hasta decimos la misma palabra al mismo tiempo. Todo eso me asusta a veces, de una buena manera. Lo más increíble de todo es que me acepta totalmente, no solo como soy, sino más importante, en las condiciones en que me encuentro.

Ella tenía un novio en ese entonces y yo solía fantasear que de vez en cuando dejáramos los ejercicios para besarnos durante el resto de la sesión. Un día la noté muy decaída y después de no quererme decir qué le sucedía, por fin me contó que había terminado con su novio, ¡después de cinco años de estar juntos! Yo obviamente le mostré consuelo pero muy dentro, aunque suene feo, me alegré por la noticia. El día siguiente llegó a trabajar con su pelo muy corto, como símbolo de un nuevo comienzo, lo cual me pareció muy atractivo, física y emocionalmente.

Después de catorce meses de darme fisioterapia en Therassist, renunció con planes de irse un año a España a trabajar. Tomaba muchos cursos de shiatsu con un madrileño que venía a impartirlos a Guatemala y este la invitó a trabajar a su clínica, aprovechando que tiene pasaporte español. Como ya no era mi fisioterapeuta, la invité a mi casa con la excusa de llenarle su nuevo iPod con mi música, para su viaje. Yo siempre llevaba mi iPod a Therassist para escoger la música mientras trabajábamos y a ella cada día le gustaba más mi gusto musical. Ya en mi casa, sentados uno al lado del otro frente a mi computadora, me atreví a darle un beso.

El beso no estuvo muy bueno porque la sorpresa y los nervios no le permitieron a ella desenvolverse bien. Me dijo que estaba muy confundida, con toda razón, porque estaba a semanas de irse a España y no sabía que pasaría ahí. Le dije que, cabalmente por esa razón, debíamos aprovechar el momento. Unos días antes de partir, llegó a mi casa y me dejó un delicioso beso que selló, aunque mi postura siempre ha sido en contra, mi primera relación a distancia. Estaba demasiado feliz que ella había decidido pasar sus vacaciones en Guatemala.

—¿Cómo es que se llama esta canción? —preguntó.

—¡Yo sé! Rebasalo después de esta curva —dije desesperado de ir tan despacio.

—¿Qué? —preguntó enredada—. ¿Cómo así?

Entre la gran distancia del piloto hasta mí y el sonido que emite la puerta desajustada del baúl, me cuesta mucho escuchar lo que me dicen. A veces me toca adivinar y leer labios por el retrovisor.

—¿Qué me dijiste, entonces? —le pregunté.

—¿Cómo se llama esta canción? —gritó esta vez.

—¡Ah, ya entendí! —dije riéndome—. Yo escuché que ya no aguantabas ir detrás de ese camión.

A ambos nos dio un ataque de risa.

—Bueno, de eso tenés razón —dijo aún carcajeándose.

Rebasó a la tortuga sin problema y con estilo, pues encima de todo maneja muy bien.

—La canción se llama *Life Ain't What it Seems*, de John Butler Trio.

—¡Me encanta! —expresó, inventándole, como de costumbre,

su propia letra para cantarla a su manera.

—A mí también —dije, feliz que seguían coincidiendo nuestros gustos—. Me fascinó desde la primera vez que la oí, pero hace poco leí la letra y se volvió de mis favoritas de todos los tiempos.

—¿Qué dice? —preguntó—. No le entiendo mucho.

—Yo sé. Lo que pasa es que es australiano. Pero básicamente dice que no todo es como parece y que las cosas casi siempre pasan por razones que hasta después entendemos. Como, por ejemplo, cuando llegás tarde y perdés tu vuelo. Te cambian los planes y te ponés de mal humor, obvio. Pero después resulta que ese avión se estrella y te das cuenta que haber llegado tarde te salvó la vida.

—¡Como nosotros! —gritó para asegurarse que la escuche—. Si no te hubieras accidentado, no nos hubiéramos conocido.

—Así es Flapis. Así es.

Cuando hubo más confianza empecé a decirle "Flaca". Después le decía "Flaca Guapa" pero como lo sentía muy largo, tomé una sílaba de cada palabra y la apodé "Flapa". Con el tiempo evolucionó a "Flapis".

—¡Es mi canción favorita! —gritó después de escucharla durante un rato.

Al llegar se estacionó en el lugar que nos tenían apartado y me dio un beso antes de bajarme del carro. Ya todos nos estaban esperando, pues habíamos cenado sushi y nos atrasamos un poco.

—¡Así que tú eres la famosa Flapis! —dijo la anfitriona y esposa del cumpleañero al abrir la puerta—. Hemos escuchado muchísimo de ti.

—Yo también de ti, Eugenia —contestó—. ¡Son mentiras Carlita! Yo sé que te llamas Carla… estaba bromeando.

Nos reímos. Inclusive a mí me había baboseado. Me encanta que sea tan extrovertida y se lleve bien con todos.

—Y tú, ¿estás más flaco, verdad? —me señalo Carlita.

—¿Flaco? —exclamé extrañado—. No he hecho nada para adelgazar. ¡Al contrario, me harto de chocolates!

—Pero estas más delgado —confirmó—. Se te nota en la cara.

—A lo mejor en la cara, porque esta barriga solo crece y crece —dije moviendo la gelatinosa con mis puños.

—¡Pero es postural, mi amor! —abogó mi Flapis—. Ya te dije que se llama *Tetra Belly* y es muy común en cuadripléjicos.

Ella se mete a averiguar mucho sobre cuadriplejía. Inclusive más que yo. Indaga cuando tenemos alguna duda o problema, siempre manteniéndose un paso adelante.

—Yo sé, ¡pero cómo me molesta!

—Pero a mí me gusta —dijo acariciándola—. Solamente cuidá que no te crezcan las chiches, ¡porfa! —nos hizo reír de nuevo.

Aparte de lo postural y el efecto de la gravedad, la lesión también me afectó ciertos músculos de mi estómago, por lo cual no puedo meter la panza y todo el tiempo la mantengo de fuera. Viéndome la barriga de Buda intenté meterla de alguna manera, ¡y funcionó!

—¡Ya pudiste! —gritó la Flapis más impresionada que yo.

? ? ? ?

presente

Me desperté de un susto el sonido del teléfono. Cuando alcancé a contestar ya no había nadie en la línea. Me sentía extremadamente desorientado y confirmé que detesto hacer siestas, no solo por esa sensación tan molesta sino también porque en vez de sentirme descansado, me dan más sueño y quiero seguir durmiendo. Pero esta no había sido una siesta planeada, sino una lección personal para no volver a parrandear tanto teniendo que trabajar al día siguiente. ¡Menos mal ya había concluido mi trabajo y mi cubículo se encontraba bastante escondido! Del susto que me pegué, tiré unos papeles al suelo que me levanté a recoger.

Sentí que había dormido por dos días enteros, pero la hora en la esquina superior derecha de mi computadora me indicó que no había sido por más de una hora. Recordaba destellos de mis sueños, pero con lujo de detalles los últimos episodios. Estaba impactado de lo puro que se sintió el amor hacia una novia que había creado mi imaginación. ¿La conoceré algún día?, pensé. ¿Y esa masajista tan bien conservada? Las caricias, los besos, ¡todo lo sentí tan real! Estaba muy aliviado de haber despertado antes de que se hubiera tornado en un sueño húmedo. Me imaginé caminando hacia el baño con mi cuaderno allá abajo para tapar la evidencia. ¡Qué vergüenza!

—¡Te estuve llamando! —me regañó Anaí asomándose en mi lugar.

—Lo siento, no estaba aquí —mentí.

—Bueno, era para decirte que ya puedes pasar a firmar tu boleta de pago.

—Muchas gracias Anaí, eres un amor —le dije—. Apago aquí y llego a tu oficina.

Me había hecho el gran favor de tener mis documentos listos una hora antes, pues aparte de ser viernes también era fin de mes y el tráfico estaría insoportable. Había pedido permiso de salir una hora más temprano para justamente evitar esa congestión. Todavía tenía que pasar a mi casa por mi hermano, mi maletín y un televisor, ya que no me podía perder el juego de Rusia contra Holanda de la Eurocopa. Estaba muy emocionado por irme a la playa con mi gente. Tenía muchas ganas de *morsear*.

flapis ♡ ♡